初學者指南
色彩心理學

安琪拉萊特

安琪拉萊特住在英格利湖區，協助家人經營旅館時，開始對色彩發生興趣的。
後來她到倫敦正式研讀了心理學，又到加州研讀色彩學。她在商業市場上擔任色彩心理學家達十多年，針對不同客戶的需求，如監獄、蜆殼國際公司、Mothercare（嬰幼兒用品公司）等，就公司、店面、包裝等色彩之選擇，給予意見。無數報章雜誌都報導過她的作品，並有兩間英國大學開始研究她有關色彩協調及色彩心理學的理論。她目前住在倫敦。

「身為市場行銷人員，我從事色彩工作已25年。這位女士比起我認識的任何人，知道得都多。」
葛拉翰懷特，隆迪斯集團(Londis Group)主席。

「安琪拉最重要的一點是她對色彩具有極好的眼力，並且她也像其他科學家一樣，很喜歡不斷地問，『為什麼？』當她看到數種色彩很協調的時候，她會問，為什麼這特定的組合效果很成功，她會問，為什麼在無數種藍色之間，效果卻各有千秋，她也會問，為什麼同樣的顏色在某種環境效果非常好，例如超級市場，但換了另一種環境，比如說，監獄，效果就沒有那麼好。」
克絲麥馬努，倫敦大學，心理學教授。

「安琪拉萊特對於任何有關色彩的問題，都能毫無錯誤地直指核心。她第一次為一間商店設計一系列色彩時就獲致很大成功，而且她還能告訴你為什麼效果會這麼好。」
克里斯多弗貝爾，雷伯洛競賽公司(Ladbroke Racing Ltd)，常務董事

「我是個懷疑論者，但安琪拉五年前為我設計的圖樣到現在還是十分鮮明。她建議的顏色是我從沒想過的。就我們的觀點看來，她的設計十分成功，並且這成功已反映在我們的銷售量上。」
查爾斯道森，波伊爾公司(Bowyers Wiltshire)Ltd)常務董事

初學者指南
色彩心理學

安琪拉萊特

博士暨心理學教授克絲麥馬努
並由倫敦大學之文學碩士、
為之作序

發行／北星圖書事業股份有限公司

美麗即是真理,真理即是美麗－－這是你們在世上所知的一切,也是你
們所必須知道的一切。

希臘之墳頌歌

濟慈(John Keats 1795-1821)

謹以本書獻給至愛的芭芭(Baba)

英文本初版於1995年,英國

Kyle Cathie Limited

20 Vauxhall Bridge Road London Sw1V 2SA

目錄

感謝

多年來許多好的人士皆曾指導過我有關色彩之理念，並支持本書之計畫。
謹此致上本人最深摯之感謝。
此外，還要特別感謝下述人士非凡的關愛、支持與興趣：

蘿莉亞
維多莉亞
理查與安琪拉馬丁
約翰
波西

序

倫敦大學之文學碩士、博士暨心理學教授

克絲麥馬努

沒有色彩的世界不但單調枯寂，甚至還是個容易中毒，充滿危險而不可預測的世界。正如安琪拉萊特於本書中所強調的，色彩在某些方面會告訴我們一些該物質的化學成分，並且，只要你喜歡的話，還會告訴你某種的心理光譜。只要改變物體的顏色，看看我們會有何反應，就可輕易看出色彩本身正是顯示物體成分的主要線索。座落於布雷福(Bradford)的色彩博物館，有張廣告單上就印著一半是一盤令人垂涎欲滴的食物，另一半則是以黑白色調表現出來的同一盤食物。豆子變成灰色，硬花甘籃幾乎成了黑色，灰白色的馬鈴薯上點綴著灰色的斑點。如果有人端上這麼一盤顏色錯誤的食物，儘管理智上我們都知道那是同一種食物，但卻很可能會卡我們喉嚨裡。

我記得在伯明罕(Birmingham)研讀醫科時，曾把馬鈴薯煮熟後切成四分，分別用食用色素染上紅、橘、綠、藍等色，再放入烤箱烘烤幾分鐘，把外殼烤酥，裝成別的模樣。晚餐時再告訴來賓說，這些菜是從當地一些具有民族風味的店裡買的，結果他們都很喜歡紅色和橘色的馬鈴薯，綠色不怎麼受歡迎，藍色則幾乎沒有人碰。

這在邏輯上似乎不很合理，但實際上就生物學而言卻十分有道理。我們已進化了百千萬年，足以認出哪些食物是好的，可以吃的，比如成熟的紅蘋果，又哪些食物會使我們生病，比如綠色的肉類，或外表長出藍黑色斑點的馬鈴薯。沒有了顏色，就勢必無法告訴我們這些，我們生存的機率也大為降低。因此我們內心對顏色的反應就毫不足奇，並且這些經常都是言語所難以形容的。雖然如此，其真與重要性卻不會因此稍減。

令人驚訝的，且由安琪拉正確強調的，卻是鮮少有心理學家關注到色彩對行為的影響力。當然，物理學家、生化學家、生理學家、神經學家現在對於我們看待色彩的方式都已有一套複雜深奧的理論，但其理論亦僅止於此。

似乎極少色彩學家就色彩之用途與對人類之影響提出理論。極少人會願意在星期六下午到自助店去，就無數人都在尋找用「正確的顏色」來漆浴室、廚房或卧房之事，說一些極有道理的話，或解釋出為什麼有些人於逛街尋找衣裙、襯衫領帶適當組合顏色時，為什麼會有某些行為。大多數的科學家皆不把這當作一回事。

這只是因為，基本上，浴室可漆成任何顏色，因此似乎不值得探究，也沒有道理去探究，為什麼實際上用些什麼顏色很重要。但是，當然這是很重要的事，不止因為浴室的功用在除去每日生活中的污穢灰塵，而且還因為對於我們自己、我們重要的組織方式，也許還包括我們如何進化到此等，色彩都會告訴我們一些重要的事。當然，適當的使用色彩會使我們覺得精神一振，使世界看來更美好，而且這兩件事都不算小事。

安琪拉自己，誠如她描述的，「顯然對色彩懷著熱情」。她亦受過心理學家之訓練，雖然她亦率直承認，該訓練於色彩方面幾乎毫無所教，因為當時或現在的心理學家都鮮少認為色彩心理學，實際上也就是有關廣義美學及美的問題，有何重要的一點是她對色彩具有極好的眼力，並且她也像其他科學家一樣，很喜歡不斷地問，『為什麼？』當她看到數種色彩很協調的時候，她會問，為什麼這特定的組合效果很成功，她會問，為什麼在無數種藍色之間，效果卻各有千秋，她也會問，為什麼同樣的顏色在某種環境效果非常好，例如超級市場，但換了另一種環境，比如說，監獄，效果就沒有那麼好。當然，這些年來她已就這些問題的原因發展出了自己的一套理論。

這本書講的就是這一套理論。也許安琪拉理論的核心發現在於，它強調的並非我們已有字眼描述的顏色，如紅、藍、黃等，之間的差異，而是這些顏色的各種類型之間的差異，如微綠的藍色，比另一種藍色顏色稍暗、飽和度稍小等。這是一個比較未開發的領域，其原因有部分顯然在於描寫起來極其困難。但這並非一種科學理論，沒有實驗，沒有證據，沒有對正反兩方仔細驗證，沒有統計數字，沒有圖表，沒有數字，反而只是一位探究色彩真義及其規則的人，多年心得的濃縮。

因此，這是一位藝術家從其畢生經驗萃取精華而成的作品，而非科學成果。當然這一點並不意謂著對科學家即毫無用處。

一般科學，尤其是心理學，於過去四十五年都已有了轉變。以前普遍認為，無法以科學解釋的現象就必定是錯的。有個很好的例子是走鋼索。鋼索離地一呎時，即使是業餘的人走起來也不很困難，但鋼索離地五十呎時，即使是專業走鋼索的人也會說十分困難。比較聰明的理論派物理學家指出，在這兩種情況下的平衡及移動法則都是一樣的，因此就沒有客觀的原因可說明為什麼一種情況會比另一種情況來得難。事實上，環境心理學家提出的解釋就有趣多了，並有效採納了專家的經驗。他們說，平衡端視乎視覺的反射，主要在於視覺流動區的形式，而這在離地五十呎時，就不會那麼管用了。這專業經驗確是比理論派科學家過份單純化的觀點好多了。

因此心理學家學到，要聽取那些畢生專研特定問題之專家的意見，而專業心理學家亦教導了我們有關非專家的能力及潛力。安琪拉萊特就是這樣一位專家，一位色彩專家。她在這本書裡，以豐富的實例，詳細而明白地說明了色彩如何影響著我們。這對那些想樣探究色彩影響力的心理學家可說具有無比的價值。而且這也是非常勇敢的舉動，因為代表著，現在我們每個人都能問道，安琪拉所發現的規則是否適用於各種情況下的各種人（當然，也可能不是，這就是從事科學研究的風險）。如果不是適用於每個人，其界限為何？如果適用於每個人，就必有程序及技術的問題。因此，對色彩有興趣的科學家將會感謝她的經驗。至於其他人，包括科學家在內，她的書也會使我們每天在房間、衣物等各項事物的色彩下決定時，更慎重一些。我們不再會不經思索地行動，卻會先問問自己為何選擇某個特定的顏色，並且也將因此對世界有史來，藝術家所熟知的豐富色彩世界發現得更深入。

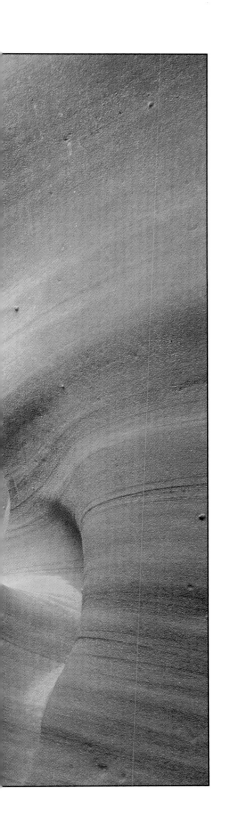

PART ONE

第一單元
色彩的語言

第一章
生命的源頭

如果你在英文字典上查看「色彩」(Color)一詞的含意，會發現至少有十四五種不同的定義，並且每一項全都正確，只不過多少都沒有捕捉到色彩的要義。光是言語要如何形容色彩呢？色彩是一種光，是生命的源頭，觸及並顯露出人類的靈魂。

色彩無處不在；無論我們是否知道，我們無時不刻都處於其影響力下，而且我們無須睜開雙眼，就能感受到色彩。你有沒有過閉著雙眼，卻看到無數明亮的色彩，在你面前及四周像個萬花筒或天上的煙火般迴旋繞舞，其中許多都是現實世界裡無法複製出來，而且就算處於漆黑的房間裡也一樣？

由於我們的身體是經由眼睛來處理色彩，我們通常就誤以為色彩只是一種表象的東西。但其實色彩是一種感覺，且其含意遠遠勝過視覺上的歡愉。色彩是一種矛盾，科學家對色彩的定義全都與光線有關，但我們卻能在黑暗中閉著眼睛見到色彩。我們以色彩作夢，以色彩透視和想像。我們每一個人的四周都散發著大多數人看不見的、察覺不到的色彩氣息，但卻能經由柯林(Kirlian)攝影室的相機捕捉下來。據說這氣息中的色彩會隨著我們的心智、感情、身體健康而改變，並且特別敏感的醫師都能清楚地見到。

物理學家以冰冷的科學名詞將色彩描述成或是光的震動、或電磁光譜中唯一可見的部分、或是微波與X光之間的窄小地帶。牛頓爵士(Sir Isaac Newton)就曾示範過：他把一道白色的光照射進三角形柱後，不同的波長就以不同的角度折射出來，並顯現出了光現的各部分，也就是光，或稱彩虹，但這是他在研究某個完全不同的東西時偶然發現到的。簡單的說，波長包括了光子，或稱大氣能量粒子，而當這些光子或粒子撞擊到物體時，不是被吸收，就是被反射出來，全視乎該物體所含的顏色而定。一個彩色的物體只會吸收與其自身原子結構完全符合的波長，並將其他的反射出去，成了我們所見的顏色。因此，舉例說，熟透的紅蘿蔔，其結構會使其吸收橘色以外的一切光

波，因此我們看到的紅蘿蔔是橘色的。

另一種看法，則描述於以下這段摘自斐因(Fynn)所著「神啊，這是安娜」的話語裡：
我已說明過，黃色花朵會吸收光譜中黃色以的一切顏色，並將黃色反射到觀賞者的眼中。安娜吸取了這點知識後，過了些時候，反應道：「哦，黃色是它不要的顏色！」停了一下又說：「所以它要的其他部分顏色才是它的真正顏色。」這點我無法爭辯，因為我也搞不清一朵花究竟會要什麼顏色。

黑色實際上就是吸收一切顏色，白色則是反射一切顏色。因此，說某件東西的顏色反映出它的原子結構也是很適當的。

我自己對於解開色彩神秘的興趣起自小時候所住的家庭旅館。家母（後來是我自己）要去負責五十個臥房及公共區域，如吧台、餐廳、酒廊等，以及後頭的作業區及辦公室的室內設計。當時我們不斷討論用什麼顏色最適當，因而培養了敏銳的本能和可觀的經驗，我們知道，臥房裡用太多黃色絕對會使人心浮氣燥，反之，以粉紅為主色的臥房則是人見人愛，只不過這粉紅色必須有個對比色來加以平衡，否則男性住客就會不甚舒服。紅色用在吧台很好，能鼓動歡樂的氣氛，但用的時候要小心，免得興奮轉成了侵略。藍色不適用於餐廳，綠色則四處皆宜。通常這些皆是無須贅言，無須爭辯的事實。

後來我發現我一生的興趣與旅館甚少相關。除了有無數機會可觀察別人以外，我對廚房的新菜式，或是我們擁有北英格最佳酒單之事皆不會感到興奮。於是我離家去攻讀心理學，卻驚愕地發現到，任何課程都無法使得我更進一步了解家鄉旅館所提供的迷人經驗背後的「方法」及「原因」，亦無法解讀我們對生活、工作、遊戲所在的環境及美學影響力的反應。在那時代，這類問題可說太隱諱，不適於認真研究，但我不了解，為什麼三年的心理學課程或設計學裡，竟只有幾天，最多一星期，談到色彩心理學。

我開始研究佛洛依德的心理學，也許是本能的知道，我們大半的行為及對色彩的反應，都決定於我們大半無所察覺的巨大影響力。最後，經過幾年以後，我對色彩如何

肯定不和諧的色彩組合。

應該很和諧了,但仍有什麼地方不對勁。

修正後:將「錯誤的」綠色換掉後,這六個顏色現在就完全和諧了。

影響我們，以及為何不同的人會對不同的顏色有反應，並哪類的顏色組合具有全球性的吸引力等，提出了一個明顯的假定。在將理論應用到實際生活中加以測試達十多年後，這些理論仍不斷證明為真。

最近這理論吸引了一位著名科學家的注意。他在我不知情的情況下，以這理論進行了一些初步的測試。

他從一場我們都出席致詞過的研討會上，選了一些人，用我所提供的資料發明了數種不同的方式，並以他工作所在學校的六十名志願者進行測試，評估他們的反應。完成這測試後他把這件事告訴我，並報告說他們答對的比率極高，有些人甚至高達80%，但其中唯一例外的，只答對27%，頗令人失望。他提議我親自到該大學受測，並且要與其他志願者的情況一樣，沒有任何介紹即進行測試。

我對此極感興趣，因此迅速（並正確地）做完了全部的測試，但後來我遇到一個題目，有二十組六色組合，受測人必須就每一題中標出a或b何組比較和諧。（就我看來，顏色組合是否和諧並非程度的問題，但我知道那是在賣弄學問，因此就沒有講話。）第一至八題我都毫無困難的作了選擇，但到第九題時，我看著那兩組說：

「這兩組都不和諧。」

他說：「我必須堅持請你選一個。」

我答說我只能選出比較和諧的組合，但那兩組在我看來都不和諧，因此必須以加註星號的方式作出選擇。第10至17題也有同樣的問題，因此我一共註記了九個星號。第18，19，20題都還好。當然，這次測試的結果只答對了27%。

當時的會議裡還有其他人，每個人都告訴我說，就這樣一個早期研究階段而言，那些結果是如何如何的好，但我卻一點也不感到滿意，而且還知道有什麼地方錯了。會議結束後，每個人都走了，我就請那位科學家讓我再看一次那些資料。我們一起研究這資料時，我很快就發現到，在第九組色彩組合裡，有兩種綠色碰巧換了位置。他承認我是對的，我也很高興聽到他說：

「我希望有機會能將這個做一次極嚴密的科學研究。我感覺得到你已充分了解了心理學上的一項真理。」

徹底了解心理學上的真理一直是我的目標，但我卻從未想過會偶然發現到色彩的物理模式。有了這些模式，任何人都可以正確地創造出視覺上的和諧感，無須任何天分，並且幾乎僅靠著數字即可做成。

至目前爲止，色彩上的和諧一直被認爲是主觀上的問題，因爲有的人在這方面很有天分；雖然有些規則，但相當粗率，並且相當倚賴直覺上的能力。一般人通常認爲，有的人「對色彩具有極好的眼力」，有的人則沒有，因此大多數的人對他人所選擇的色彩皆不輕易爭辯，因爲他們以爲並沒有客觀的標準可供討論。

當我把有關色彩模式的理論，應用到色彩心理學上的工作時，我即發現，能對心理產生良好效用的色系，其中的一切濃淡、色調、明暗等，也會毫無失誤地在視覺上有一種和諧感。

因此我們不必接受許多色彩理論的訓練，也無須具備許多經驗，就能很有信心地將各種色彩組合在一起，而不會變得很突兀。我們須要知道的，是哪種色彩屬於哪一類。在實務上更重要的一點是，這會讓你知道，哪些顏色不可以組合在一起。

這點似乎會使創造色彩和諧的樂趣因而失掉一些但其實不然。在任何其他的創造領域裡，學習基本規則，有些甚至需要背誦，都被視爲達成高品質作品所須的跳板。舉例而言，各個音樂學院都會教導如何徹底掌握各個音符之間正確關係的技巧，而且都不必擔心這會使創造過程窒息。像莫扎特(Mozart)或Leonardo的人，其理解力及創造力是從較高的源頭而來，並且在觀看及詮釋宇宙中支撐整個生命的嚴整模式上皆具有特殊才能，無須用到此一基本知識；至於凡夫俗子的我們，知道我們可在一定的技術範圍內，以主觀的啓發，創造客觀的良好效果，毋寧是令人十分安心的。

色彩理論的背景

本書將介紹色彩心理學上兩種個別存在卻又互相纏繞的因素，即四種不同類別的人格及其對色彩的反應，以及色彩的物理特性及色彩間的互動關係。

在一切有關色彩的理論中，最深得我心的當推歌德(Geothe)的「色彩理論」。

（可能是因爲我一開始就對這位美好人士的心思極爲熟悉之故，在我開始研究佛洛伊德的心理學時，對於要依指示先閱讀福斯特(Faust)第一二章，再去看整部的Sigmund

全集，感到十分驚訝。

歌德並不像其他人那樣推崇牛頓爵士於色彩知識方面的貢獻。他雖讚許牛頓的發現極為耀眼，卻辯說那些都為原始，並應以亞里士多德(Aristotle)的理論來看待之，因該理論2000年來一直都是一切彩色作品的基礎。在歌德看來，牛頓的理念是次要的，且警告說，以此來取代亞里士多德的理論是錯誤的，然後他敦促我們將之視為一種進化。不幸的是，沒有多少人聽從歌德的這番話，並且此後200年的彩色作品都完全環繞著牛頓所發現的光譜而作。

亞里士多德的觀點是這樣的，兩種主要的顏色是白色及黑色，亦即一個有光，一個沒有光。

他主張一切顏色皆衍生自風、水、土、火這四大元素之一，並說，我們注視著黑暗時，第一個出現的顏色應該是藍色。（末梢視力，或夜視，由眼睛裡的桿狀接收器管理，敏於接受藍光；你有沒有注意到，黑夜裡救護車或救火車上的藍色光線特別刺眼？）注視著光源時，圓錐狀的接收器就起作用，使我們看到的第一個顏色是黃色。因此純白色的太陽光在我們看起來就成了黃色。而我們注視一望無垠的漆黑宇宙時，所看到的穹蒼就成了藍色。歌德亦在一個每個人都可以自行進行的實驗中，展現了這項事實：如果你一直盯著一個白色的圓形物體，就會看到它的外圍染上了一層黃色的光暈。你也可經常在清澈的天空上，看到滿月時月亮外環上的這圈明亮的光暈。同樣盯視著黑色的圓形物體時，則會開始看到藍色。

其他的顏色則視乎參與介質的不透光程度而定，因此，舉例說，若你透過水來看那物體，就會看到彩虹的其他每一種顏色。因此，白色和黑色之後的真正主要顏色，乃是黃色和藍色。

主要顏色一詞可能會使人混淆，因為在不同的上下文裡，指的顏色都不一樣。顏料的主要顏色是紅、藍、黃，將紅黃混合會產生綠色，但在使用光線時，如彩色電視，主要顏色則是紅、藍、綠、黃色反成了次要的光色。但這些都是應用，偉大的哲學家亞里士多德看的是比這更上一層的宇宙核心。

兩極性(Polarity)是生命的核心。我們見到的是光與暗、上與下、外與內、陽與陰、正

與負、熱與冷、雄與雌等。兩極性的要點在於，這兩方都是相依存的，沒有這方，就無法知道那方，就像硬幣的兩面一樣。最大的秘訣在找出完美的平衡點。黃與藍代表兩極，冷與熱，收縮與膨脹，鎮定與刺激、夜與日。

以純光譜術語而言，波長較長的顏色（紅、橘、黃）都與太陽有關，代表白天、光線、散發能量、積極主動、膨脹、雄性、陽性等，而波長較短的顏色（藍、靛、紫）則與月亮有關，代表晚上、黑暗、抑制能量、消極被動、收縮、雌性、陰性等。綠色可平衡兩者。白色是全然反射，屬陽性；黑色是全然吸收，則屬陰性。

經歷了將近兩千五百年後，到二十世紀末期，人們才發現到亞里士多德有關四種基本色彩要素的理念，與其他偉大的思想家所提四種人格類型及其表現方式之間，有某種關聯，雖然我們可清楚看出，與這理論不同的是，幾世紀以來許多偉大的思想之間，皆有著某種共同的聯繫。

四種人格類型

長久以來，都傾向於將人格類型分成四類。從希臘理學家雅蘭(Galen)從人體的四種體質，樂觀質、易怒質、冷漠質、憂鬱質，所衍生的四種類型理念，或稱「素質」，乃至二十世紀心理學家，如鍾安(Jung)的從思想、感覺、情感及直覺衍生出來的四種功能類型，從其間的一致性看來，我們亦可以分為四種類型。無論你認為自己多麼獨特（實際上每個人的確都是獨特的，因為排列組合有無窮的可能），仍可看到一些典型的行為及特性，可予清楚歸類。本書的目的就在將這四種類型，簡單的定義為內向、外向，清淡、強烈，並稱為類一、二、三、四。

我們最近對色彩的了解亦引致了四種歸類法。這依據的是寒冷的藍色調，溫暖的黃色調，並在這兩種色調之間，進一步依其濃淡分析出他種顏色。而後我們就有了四種色系：比較柔和的暖色調；同樣比較柔和清淡的寒色調；強烈深色的暖色調；以及強烈的寒色調。我們要暫時將這四種色系單調地稱為第一組、第二組、第三組、第四組，隨後再向你們介紹比較詩意的名稱。

我們要先認識這些色彩類型與人類的人格及反應之間有何關聯後，才能進一步更加了解色彩心理學。這其間的關聯很明顯：第一組是溫暖（黃色基調）的淡色，類型一的

人是由外來引動的輕鬆型；第二組是寒冷（藍色基調）的柔和色，類型二的人格是由內引動的輕鬆型；第三組是溫暖的濃色，類型三的人格是由外引動，比較強烈型；第四組顏色是寒冷的強烈色彩，類型四的人格是由內引動的強烈型。

這裡必須作個重要的區別：外向和由外引動是不一樣的（同樣內向和由內引動也是不一樣的）。外向的人傾向於自己的人格特質表露在外，並能隨意表達自己意見，而由外引動的人，其行爲及其思想意見等，往往都基於他所認知的他人的想法而定，亦即他是由外界引動的。由內引動的人也許稱爲「自我決定型」更爲恰當，因他是由內在引動的。

無論是誰，對該人最具有吸引力的顏色，都是與他自己的類型有關的顏色。舉例來說，類型二的內向型的人，就會比較喜歡第二組的柔和寒色系，並且這些顏色在他們心理上也最具有支持力（而且這組顏色還會使得他們愈加出色）。第三組強烈的外向型會覺得第二組的柔和色系無論在生理上或心理上，都太過溫和單調。雖然每個人都

（圖片）金髮的人通常都喜歡黑衣服，而茱莉在除去每一項負面的顏色後，看起來也夠漂亮了，但仍有些緊張。換上淺藍色衣服後，她的眸子亮了起來，整個人也好多了。

各有自己的性質，造成相關的特性，但這仍是每個人性格上的要素。

我想起數年前有一件事正好可用來描述這點：當時我們辦公室來了一位十七歲的年輕金髮助理，非常漂亮，充滿生氣，顯然屬於類型一。

但就像那些還沒有發現自己類型的年輕人一般，她穿的都是黑色。一天，她到辦公室時，穿了一件鮮明的珊瑚色洋裝，每個人都稱讚她看起來好極了。我也請她幫我一個忙。

「你可不可以在今天晚上到家後，一進門就先坐下來，想想自己有什麼感覺。」我也提醒她說，有些日子似乎會比較疲倦，但又找不出特別的原因，她也同意了。「明天你若穿回原來的黑色時，回到家時可不可以再做一次這樣的試驗？」她一口答應了。

第三天早上，她蹦蹦跑進我辦公室，說：「你真神耶。」她說：「你怎麼知道？昨天晚上我回到家時簡直累死了，但前一天晚上我幾乎可以整晚跳舞。」

我向她解釋說，她前一天穿的那件珊瑚色衣服的確給了她更多活力，另一方面，內向的黑色卻使得基本上外向的她，需要更努力才能表現出她的人格特質。

就人類而言，外表經常是內心的反射，而且就像紅蘿蔔所反射的顏色一般，我們外表的顏色也會反應出我們的構造。事實上，十一世紀的阿拉伯醫師亞維斯拿(Avicenna)。在診斷病人時就經常考慮到病人的氣色，並且發現到某些特定的顏色與人格特質有關聯，並可能因此造成病人的特定病徵。我並無意在本書中，就生理上可見的顏色類型作任何描述。對於顏色在這方面的表現，已有多不勝數的資料，因為除了金髮、淺黑髮、紅髮，並這三種顏色所衍生出的無數變化外，還有包含在四種型人格特質裡的各人種膚色等，再再都是十分複雜的問題。

第二章
是如何運作的？

要充分了解色彩的神奇，就必須先就光譜上的基本色調加以學習——「約克理查的無效戰爭」(Richarc of York Gave Battle In Vain)（紅、橘、黃、綠、藍、靛、紫），此外亦需學習其專有名詞：色調(HUE)「指的是顏色的屬性中，可供觀察者加以分類成紅、藍等色者。」

（Collins英文字典）

粉度(TINT)　指加上白色後的色調

暗度(SHADE)　指加上黑色後的色調

灰度(TONE)　指加上灰色後的色調

明度(VALUE)　指色彩的明暗度，亮色為「高明度」，暗色為「低明度」

濃淡(CHROMA)　指色彩的有無

濃度(CHROMATIC INTENSITY)　指色彩的多寡，亦稱飽和度

灰階(MONOCHROMATIC)　包含同一種色彩的各個粉度、暗度及灰度

消色(ACHROMATIC)　沒有包含任何色彩，即黑色、白色或純灰色

補色(COMPLEMENTARY COLOURS)指色輪上互相對立的兩個顏色最後一項在調合顏色時尤為重要，因為互補的顏色會使兩種顏色的強度一起增加。

如果在紅色旁邊再放上紅色，兩者都會失去一些顏色，但如果把綠色放在紅色旁邊，紅的會看起來更紅，綠的則更綠。不了解這概念的一個普遍例子是，一般人都以為藍色的眼部化妝品會使藍眼睛得到強化，但其實只會壓倒其光芒。

互補的顏色為：

紅與綠

藍與橘

黃與紫

這點在色彩心理學上的重要性更是顯露無遺，因為我們會發現，互補的顏色放在一起

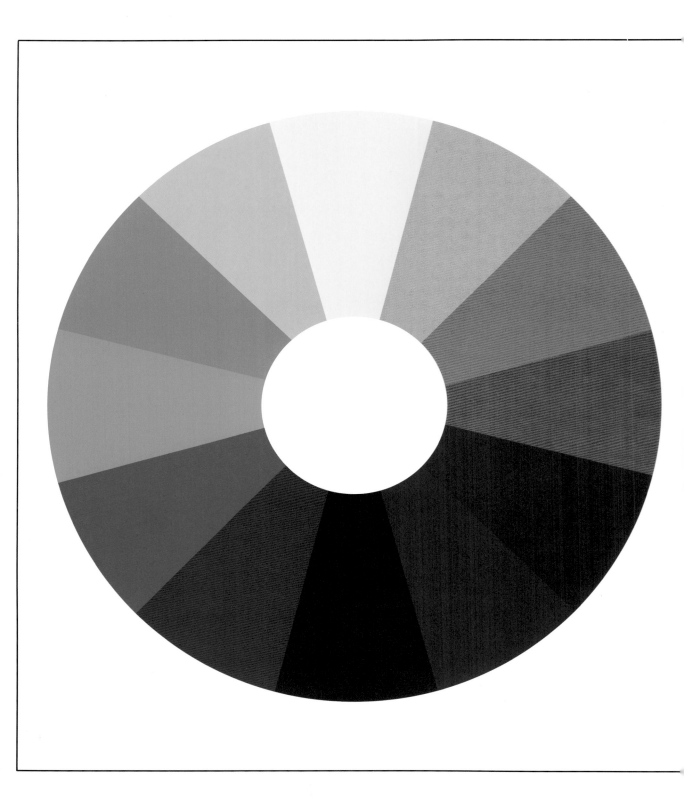

時，會產生絕佳的平衡，並且一切的原色都可以這樣呈現：

紅與（藍＋黃）

藍與（紅＋黃）

黃與（紅＋藍）

在研究色彩時，困難之一乃出於人腦的構造。人腦分成兩個半球，中間有一條堅韌的連接線，稱爲callosum體。右半腦主管身體左側，反之亦然。線形技巧，語言，推理及邏輯等都由左腦主管，而直覺、非語言溝通，如藝術、音樂、創造力等，以及視覺資訊，皆由右腦處理。在色彩的學習及充分理解上，右腦負責了大半的工作，但要使其落實並作廣泛的溝通，就必須找出方法，將這知識詮譯成基本上由左腦所主管的名詞上。

色彩心理學的運作是這樣的：光線觸擊眼睛時，每個波長的表現都略有不同。波長最長的紅色，在我們注視時，最需要調整，因此會顯得比實際上的更近，而綠色則無需調整，因此能使人感到安適。在視網膜上，這些光線的震動都轉成了電擊傳輸到腦部，最後抵達主管內分泌腺的視床下部，而後由其製造並分泌出賀爾蒙。簡單的說，每一種顏色（波長）都集中在身體的特定部位，引起特定的生理反應，同時產生心理反應。

我還似乎覺得，顏色或光，也會經由我們的皮膚進入身體。我看不出顏色如何能跼限於眼睛，雖然我沒有科學證據來支持這理論，但野史上卻記載有人能閉著眼睛，以指尖分辨出顏色。而且色盲或眼睛全瞎的人也似乎能感受得到色彩的心理效用。

有趣的是，我們往往會看到不同的學科在尋求學問時，經常會經由完全不同的途徑，而得出同樣的結果。比如說，在西方醫藥界對針灸療效的解釋上，東西方的思想趨於一致，就可證明。

這種原本是古代中國的醫療方法，曾經好幾個世紀都被西方傳統的醫藥界視爲無稽之談，現在卻成了廣被接受的有效療法。

色彩是另一要點。東方的神秘主義者，對於色彩的影響力所探的觀點，與西方對內分泌器官的影響力的觀點，亦極爲近似。他們皆將光譜上的七個顏色，比作七個chakras

色輪。從藍色開始，順時針方向，依序增加黃色，減去藍色，直到變成純黃色；而後依序增加紅色，減去黃色，如此一直到形成整個圓圈爲止。結果是互補的兩色都位於彼此對面：紫（紅＋藍）對黃；橘（紅＋黃）對藍；綠（黃＋藍）對紅。每一組補色都含有三原色，並構成絕佳的平衡。

（垂直面上的七個力點，隨著我們進化而「開啓」者），並以此作爲心理、生理及靈體之間的連結，亦即心智、身體及靈魂間的連結。比方説，東西方間對紅色的聯想就極爲類似，西方認爲與副腎線有關，能啓動「打鬥或逃走」的本能，東方則認爲紅色屬於根本的chakras，是生理面及基本的生存力（粉紅色是加了粉度的紅色，代表的是雌性，以及族類的生存，如哺育、母愛等）。

橘色與次等之生存考量有關：溫暖、隱蔽處、食物等。黃色（東方哲學中以爲與胰臟有關）乃有關情感、自尊及創造力。綠色反映的是普遍的愛，而非性感；它位於光譜之核心，亦提供了絕佳的平衡。藍色鼓勵智力上的活動，如怡人的理論、平靜而邏輯化思考等。靛色與藍色的屬性類似，但更深沈，更內省。最後，紫色將心智提至更高層次，傾向靈性的覺醒。

這些並無甚新奇。無論東方或西方的人類，都已經由歷史，本能地覺知到這些了。

困難卻是下一步，如何正確地運用這個以七色爲基礎的原則？因爲我們四周的顏色可説有千百萬種的變化。

在英語中，對於色彩的描述只有十一個基本的名詞。電腦會顯示出高達一百六十萬種的顏色，我們卻只有十一個（英語）名稱可用：黑、白、紅、橘、黃、綠、藍、紫、粉紅、棕、灰。因此我們慌亂地從其他生活面，如自然界、食物、飲料等，借用了許多字眼來描述顏色，如孔雀藍、葡萄酒紅、桃紅、奶油色、硝皮色等。

再者，在人類學家柏林(Berlin)及凱伊(kay)於1960年代所研究的九十八種語言裡，基本的顏色名稱最多也只有十一種。這兩個人在世界偏遠之處的原始部落進行研究後，驚訝地發現到，全球各地對顏色的命名皆有不約而同的近似。白與黑，或稱光與暗，通常是第一組命名的顏色，然後是紅色。儘管在有些例子裡，有的語言的顏色名稱只有兩種，並且除了黑色與白色外，再無別色，但在別處，其他顏色命名的順序則永遠完全一致。因此，對於顏色的認知可説已然超越了文化。

這樣特出的事實究竟有何含意呢？我們沒有發現語彙來描述色彩，是否因爲我們本能的知道，色彩是一種世界性的語言，並且色彩本身就會言語？或者這正反映了我們對色彩的無知，完全一無所知，以致沒有發明出色彩的語彙？

光以這十一種色彩為基礎來研究色彩心理學，無異於將之跼限在不可能的階段。要啟開這過程，並認知到其完整的潛力，我們就必須熟諳色調的各種變化。如果我們像目前通常使用的，純粹只以「紅色」來代表人類心理的全部層面，用「藍色」代表另一領域，就是否定了人類豐富而多彩多姿的風貌，並色彩心理學上的無盡可能，就好像只認得C大調的十一個音符，就妄想譜出一曲交響樂一般。事實上，牛頓的確把光譜上七個顏色比作了音階上的七個音符：C＝紅色，D＝橘色，E＝黃色，F＝綠色，G＝藍色，A＝靛色，B＝紫色。但這只是個開始，音樂和色彩在表現人生的秩序及美麗上，的確是各有千秋，一方面是華美的交響樂，另一方面是繁麗豐富的色澤。和諧度之細密可說有千百萬種。

有趣的是，過去350年來一直都有人在進行研究，想發明工具，把色彩轉換成聲音，並「演奏」色彩。許多敏感人士皆將音符視為彩色，這是一種稱為SYNAESTHESIA的現象。這現象也適用於線條、文字、數字、每週各日，一切顯然皆不相類的東西。

儘管如此，在平衡上來說，知道色彩主要在於右腦管轄卻是個好消息。就像同屬於該區的音樂一樣，其表現力之繁複，使得文字於此幾乎全無用武之處。許多年前我有位朋友就曾觀察到，最有力的見解往往超乎語言之外。從靈光一閃轉變成思想時，就已經沖淡許多，而轉換成語言，更可能使其真意盡失。色彩也是屬於大自然一種純粹的溝通方式，不但十分可信賴，而且是一種我們每個人天生就了解的語言，並且無論文化類別或狀況如何，我們每天都在使用，只是察覺的程度各有不同。

為了開始學習這一奇妙的語言，我們必須先回復到科學式的思考。

───── 對色彩的認知 ─────

科學界已辨識出，有四種心理上的主要色彩，分別為紅、綠、藍、黃。

紅色，及其衍生色，皆與身體有關。人們常說，已證實人若處於紅色包圍下，其血壓會升高，但卻少有學術紀錄就此事加以證實。我惟一發現的一項是二十世紀美國色彩學家，偉大的百倫(Birren)神父，於他的「色彩心理學與色彩療法」一書中所提的，洛杉磯加州大學的羅伯特吉拉德(Robert Gerard)理論。百倫描述了一項實驗，謂吉拉德使用紅、藍、白光，透過散光螢幕傳輸出來後，很自然的，紅色似乎會使人生理激

都市居民在鄉間的綠意環繞下，即可一新耳目，重現生機。

動，因爲紅光需要眼部加以調適，因而顯得比實際上的要近。因此，通常須要引起視覺震憾的地方，就常使用紅色。紅色震憾眼睛最明顯的例子是，全球各地都以紅色作爲交通號誌。許多足球隊的團體顏色也是紅色，以製造出身體強壯，甚至具有侵略性的印象，這正是同一硬幣的另一面。

藍色，是有關智力的色彩。在血壓升高的同一例證裡，藍色亦被視爲具有降低血壓的功效。自然這是一舒緩的平靜顏色，鼓勵反省。這在大自然用得極廣，如天空海洋等，但這只是一種反射，因爲無論空氣或水，實際上並沒有包含任何顏色。

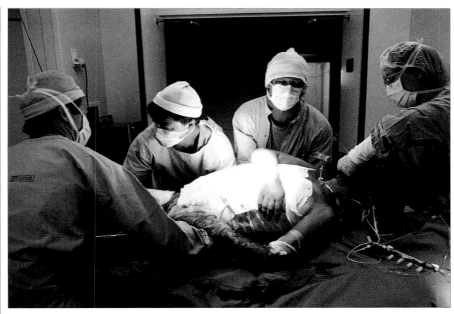

對於外科醫師及手術人員而言，最能支持他們的色彩當推中綠色。

黃色，集中於情感。在學到第三個chakra與胰臟有關時，我並無法一開始就了解其關聯，但後來我察知到，我們在緊張時，哪裡會有感覺呢？我們的肚子會揪成一團，胃會扭攪。我們胃部後方的太陽神經叢極爲敏感，相關於日本觀念中的hara（如'Hara Kiri'）——位於身體同一區域，並視視爲一切情感基本所在。你有沒有想過所謂象徵性的「黃色層」位於何方？

綠色，位於光譜中心，代表絕佳的平衡。它撞擊到眼睛的部位是無須任何調整的部位，因此不會帶來任何壓力。帶有綠色的色素，葉綠素，正是生命的要素。我們的四周若環繞著大量的綠色，就會感到安心自在。

在應用色彩心理學上的另一項困難，就像宇宙中其他一切事物一樣，並沒有絕對的認知，只有相對的認知。因此就沒有所謂好的色彩，或壞的色彩。你可以正確的知道在某件特定的設計上，什麼是適當的色調，但卻往往很容易傳達出負面的信息。舉例而言，紅色可以提供激勵鼓舞的效果，卻也可能碰巧成了壓力和侵略。

藍色可能被視爲冷淡疏遠，黃色可能帶有情感上的請求，綠色則可能使你覺得身體病了。要使任何色彩保其正面的信息，並情感上的影響力，其關鍵在於使用得當。

人們往往對於自己有色彩取向的顏色及其衍生色，會有比較好的反應。但有時候，卻

也會極力反對某個色調，即使該顏色基本上屬於自己喜歡的色系亦然。因此，雖然藉著請求他人將各組合顏色依其喜歡順序排列出來，以評估其心智狀態。

可説頗爲根據亦相當有效，且有一定的正確度，但如果未將這一特定色調列入考慮，這樣的評估可能就會失效，甚至可能完全扭曲。我自己是在受測試時，必須依照喜好順序排出八個顏色時發現這點的。當時我把綠色排在第七（位於黑色之前）。綠色一向是我喜歡的顏色，但當時那冷淡的藍綠色，其色調卻無法引起我的反應。我通常喜歡綠色勝於紅、藍、黃色，但當時我卻寧可選擇濃厚的暖色調紅色及黃色。爲我測試的人拒絕考慮我可能把另一種綠色擺在第一位，並給了我一個扭曲的評語，以致我無法從他給我的評語中對我自己增加許多認知。如果這例子中那些顏色變化的喜好順序可視爲合理，並且對於色系的反應優於對光譜色調的反應，這對於那些測試就會造成極大的不同。

這一點正是研究色彩心理學時，一切的困難所在，並且人們常説這根本不可能解決，因爲要以科學方式定義時，一定會蹊到人性的不可預測及主觀層面。1950年時，法柏百倫説道：探研色彩的心理層面可説極爲困難，只因爲人類的情感毫無穩定性可言，並且人類的心理特質亦是人各不同。

但是人類的心理特質已有了可辨識的類型出現了，而且實際上每個人也並非與其他人都完全不同，近來更有可辨認的色彩類型出現。因此，現在已有可能找出主體與刺激物之間的關係，並因此能預測出特定的反應，解答出這個長久以來的問題：爲什麼一個色調的差色會與另一差色有如此不同的效果？席蘭斯基(Zelanski)及費索(Fisher)最近於他們1989年出版的「色彩」一書中，曾提到此事：爲免我們爲修正行爲而迅速使每件事的顏色改觀，我們應注意，心理上對色彩的反應是很複雜的。色調只要有些微差色即會產生重大的影響，但這點卻是研究心理學的人鮮少提到的。

這段話上的強調記號是我自己加上去的，因這句話正概括了我工作及這本書的要旨。因此，舉例而言，目前的研究人員仍可能將六個人放在某個綠色環境下，以查看綠色是否能令人感到安心自適，結果發現六個中有四個人都相當安心自適，但另外兩個人卻並非如此，甚且有些難過時，這三分之二的正面反應就會成了發表出來的結果。至

於我，我會建議將另外那兩個人放在另一個與他們有些關聯且不同灰度的綠色環境中，即可達到同樣正面的反應。

我敢說，若這第二個試驗亦包括了原先的六個人，並且第二種顏色夠強烈的話，這項實驗結果就勢力完全相反了。如果每一次試驗都將各種顏色的四種不同差色都用上的話，所有已知的色彩心理測試的正確度勢必有革命性的發現。正如法柏百倫所說的，使得這些測試無效的，並非人類情感的不可預測，而是對於色彩定義的過度簡化，並未考慮到對同一色調的不同差色，其反應完全可以預測。

我早年曾從大自然研習色彩學，看同一光譜的七個顏色怎樣在各個季節展現不同的風貌，並幾乎不自覺地吸取並認知到大自然的和諧及其重要性。要用藍色或綠色，紅色或黃色等使，在任何作品中都屬於次要的問題，主要的問題則在於各色調間有何關係。因為若不和諧就不會有效果。

人類並非只對一種顏色有反應，而是對眼前的一切顏色有反應。我們內心深處皆渴求和諧與平衡，並且會本能地對這和諧與平衡作出正面的反應。事實上，面臨任何不平衡時，我們的許多構造都會本能地作出回復平衡的反應。舉例來說，如果眼睛盯著一個顏色超過三十秒鐘，閉起眼睛或看向他處時，就會看到後視影像以其補色出現，從而回復眼睛的平衡。這種現象的實際應用，表現在手術房裡採用綠色的效果。當醫師從可能渾身是血的病人身上抬起眼時，四周的綠色正好能使雙眼得到休息。最近流行用寒色系的淡藍色作為醫護人員的袍子，在心理學上也極合理而正確，可以集中心神，並更有效率，只是並未考慮到剛才所述的視覺上的壓力，因此我懷疑就整體而言，其效果是否比得上綠色。

將我們想用的任何顏色，傳達出正面的效果，關鍵皆在於了解其色系，而不是只考慮該色調的基本屬性。這樣我們對色彩的和諧及其心理上的影響，就會有更客觀的認識。至於色彩在心理上的影響，可說是相當科學、相當真實的一件事，並非屬於人類不可預測的範疇，也並非屬於我們能聳肩作罷的事。因為這是顯然可以預測的現象，是一種我們可以用來改變我們心情，並解讀他人心情的一種工具，並且我們可藉此將每一件事最美好的一面正確地呈現出來，且超越社會及文化邊界。

第三章
大自然之秩序

我十分幸運能在加州找到一位十分奇妙的教師，她鼓勵我去做的第一件事，就是常常到太平洋海邊及卡繆(Carmel)村鄉下散步，去觀賞自然界的五顏六色並浸淫於其中。我在那裡見到了無數不同顏色的砂粒，從幾乎銀白色，到各式各樣色調的黃棕色，乃至藍黑色都有。我注意到，每朵花的葉子，其色調都適足以強化花瓣上的大部分色彩。草叢中究竟有多少種的綠色呢？我以前從不知道自己對花朵竟如此的無知，直到我的教師經常以花朵來示範某個要點，並且我對問題中所提到的花朵亦不甚熟悉。有一天，這一點甚至達到荒謬的程度，當時我對教師説：「這裡四處都可見到的那種花是什麼？我在英國也見過。它的花朵看起來不太規則，有藍色、紫色、粉紅色。樣子是高高的、細長的，一點也稱不上華美。」

她對我所説的東西毫無概念，因此問了幾個問題，但最後我們還是決定，我應該帶一株來給她看。第二天，我帶了一捧給她，她則快笑翻了。

「你不知道這就叫矢車菊嗎？」

我一向用「矢車菊藍」來形容眼睛，卻一點都不知道矢車菊長得什麼樣子。

我將自己開放到大自然之後，才認識到大自然如何以顏色進行溝通，而那是長久以來我們多數人都視而不見的事。我們都仰賴蔬菜的顏色來告訴我們是否已成熟可食用了，我們都知道四周的環境轉成灰色，就是該入屋準備過冬的時候了，看到景色一片翠綠時，我們都知道那代表著豐富的水分，因此少有饑荒的危險，這些在在都使我們直覺的感到安心。至於動物界，我們都知道，任何帶有強烈黑黃色彩的生物，都不會很友善。

這位教師也把我的注意力引到大自然於一天當中各種時候，以及一年之中的各種季節裡的各種氣圍上，並且為我詳加解讀。我們在一年的課程之中，見到她完全改變衣著後，整個人格特質也改變了。加州的四季並不像歐洲那般的界線分明，但即便如此，

也無須手錶即能知道晨昏，亦無須查看日曆亦能分辨春秋。這一切答案都在大自然，並且我們雖然從未能複製出大自然那種無可比擬的和諧，但我們仍可向大自然學習。

想想大自然的秩序：如果我們在春天時分走到郊外，注視著大自然，不是處處人工雕琢的城市公園或花圃，而是野外，就會看到千百萬種的顏色，並且展現著完全的和諧。但我們無須他人告知那是春天，事實上亦無須注視那些顏色。即使當時去了鄉間的是個瞎子，也會知道春天到了。這春天的氣息存在於空氣中。有一種重生的感覺，一種光采和溫暖回來的感覺。大自然極為忙碌，小鳥啾鬧不停，每樣東西都充滿了水，都亮閃閃地，同時冰碎了，雪也融了。春天會提升我們，我們也會直覺地與春天一同慶祝漫長黑冷的冬天已經到了尾聲。

隨著時間流逝，大地開始乾燥起來，大氣也改變了。涼意變得迷人，每樣事物都柔和了起來，並且大自然歇息下來，大方的讓春天的一切高能量工作自行運轉。

綠葉失去其光澤，顏色開始加深，與夏日花朵的柔和色彩正好相配，玫瑰、甜豆及紫藤，較諸春天時光采神氣的喇叭水仙、番紅花及風信子等，風貌已完全不同。

如果我們秋天時再到鄉下同一地點，會再次看到千萬種色彩，並再次看到這些色彩呈現出絕佳的和諧感。只不過這次的色調已完全不同，而且有一種完全不同的氣氛。大自然的氛圍已改變了，她在秋天時的特性是濃密而茂盛。這雖然不是一年中特別會開花的季節，葉子卻華麗而富於戲劇色彩，並逐漸由綠轉黃、金黃、紅、紫，最後變成棕色，再掉落地下。秋天代表大自然循環的完成，也是一切歸入死寂之前，最後的奮力一擊。

而後突然之間，一切都不見了，四處是令人敬肅的冬日景象。冬日時，萬物都從地表隱藏起來，藉著冬眠養精蓄銳。地表可見的東西極少，但內裡卻有大量儲藏。想想看，一片白雪覆蓋的田野，一望無際，白茫茫一片，對照著一棵顯得漆黑的樹幹，光禿禿的樹枝映照著冰封的天際，以及戲劇般突然出現的冬青植物枝芽；或夜幕降下時，覆滿阿爾卑斯山脈的黑影。我們往往在冬天時，會對大自然感到特別敬畏。大多數時間大自然皆靜默無言，除非暴風雨爆發，我們本能的就會四處尋找遮蔽。

上：拋掉你所以為的，熱氣鮮明的夏日色彩，這一片清涼的藍色牧草地，正完美地呈現出大自然於太陽下山之際，萬物顏色轉淡，表現出了大自然朦朧的溫和之美。

左：這個小東西可能會從你的腳邊害羞地跑掉，但在野地裡，牠可是個具有侵略性的掠奪者。牠的色彩正是對牠的獵物的警告。

左：春天時分，大自然重生了，精神昂揚，並且光采和溫暖都回來了。

令人油然而生敬畏之心
的冬日景象。

秋天,代表的是退回冬
日前,最後的奮力一
擊。

在英國，以及多數歐洲國家及北美洲，大自然的秩序於四季中表現得特別明顯，並且大自然從不會使我們混淆不清，例如，在秋天時開出喇叭水仙，或在仲夏時分掉落樹葉等。

但我們並無須等待經年，亦能觀看到這裡展現的模式；因為每一天都是同一模式的縮小版。日出時，空氣很清爽，色彩很柔和，迎接著新的開始；中午時，是一天的高峰期，就有安適和鬆懈的傾向；

日落時，這循環即將完成之際，逐漸幽暗的天色產生了瑰奇壯麗的色彩，大自然也準備進入夜幕之中，等待第二日再次開始。最後夜幕降臨，冬眠及更新的時候也到了，靛紫色的天際也神奇地點綴上銀色的月亮及星辰。

光的活動及其色彩創造出了這種種不同的景象，並且大地上的每種生物都本能地回應著其中的信息，並據以行動。我們自遠始以來，即依賴著這自然的秩序。

1950及1960年代一些加州色彩學家，他們的若干原則儘管並未受到較近代的開業人士，（主要是時裝業與美容業），將之完全丟棄，卻也早已大為稀釋。但這些卻惠我良多，使我開始認知到人類在神的崇高計畫裡的地位是清楚可辨認的；我們一樣回應著這同樣的模式，每個人的生理顏色及人格特質，都反應出與他相關的那一模式。這點與時間上的季節並無關聯，與你出生於哪一年的什麼時間並無關聯，有關聯的卻是在其一致性及其定位。

我在第一章提過，我會介紹比較詩意的名稱。我並非第一個使用季節名稱的，而且這方式很容易幫人清楚看出並了解各類型的基本特質。因此我建議將類型一的人格特質及第一組的色彩，歸類於春天型，類型二及第二組為夏天型，類型三及第三組為秋天型，類型四及第四組為冬天型。

反映出春天型的人是溫暖、明亮而友善的外向型。他們很外向，是群居動物，具有絕佳的溝通能力，但遇到「沈重」或深沈的事物時，就不是那麼拿手了。他們於本能上需要大量的光線。

夏天型的人格特質較為內斂。冷靜、平靜、鎮定、比較保守，並渴求秩序與平衡。他

們覺得不必對每件事都加以評論，但很少失誤，因爲他們認知性很夠，並且通常具有極高的智力。

第三種類型的人比較暴躁緊張。屬於秋天型的人對情況涉入極深，很喜歡探求事物。他們探尋每件事，主要是因爲他們拒絕接受任何不正當、不足取或不實在的東西。對他們而言，實質比型式更爲重要，因此他們開始時都會加以懷疑，但一旦確信後，就會充滿熱情地跟隨到底。

第四組的人是那種他人會本能地加以敬重的人。他們無須時常發脾氣，亦無須製造戲劇氣氛，因爲這些都是他們的內在特質。他們是完美主義者，很有效率，思想前進，對愚蠢的事物毫無耐心。他們需要一種空間感。他們呼應的是冬日的特質。

如果把你自己置放在與天生類型不協調的顏色裡面，其震動頻率與你的不同。那麼，就長久而言，會造成很大的壓力。舉例來說，一位極爲濃厚溫暖、戲劇性而外向的淡黑髮人，穿著冷色調、內向型的黑色衣服，基本上就會使他處於壓力之下，並且我們通常會看出，婦女通常會以過度的濃妝來彌補這點，但反而使問題更複雜。另一種常見的壓力是，一位天生熱情暴躁的婦女將頭髮漂白，染成嬰孩式的金髮，又塗上甜美的粉紅色口紅及指甲油，希望世界上的人都以爲她就是位貴婦。這通常是她害怕表露其力量的一種標示，但愚弄的只是她自己而已。如果再把漂淡的頭髮理得幾乎見到頭皮，就是關乎雌性力量的問題了。人們通常在矯揉造作的女人身邊都不太自在。真實是全世界最有吸引力的事。而且大部分人體內都有極強的辨識系統，足以知道其有無。我們也許無法説出究竟哪裡使我們覺得不對勁，但就是會覺得不舒服。假裝成爲我們沒有的樣子，就足以使人筋疲力竭，反之亦然。

類似這樣誤用色彩的另一常見例子亦是隨處可見。常有人在裝潢時，離開了恆等式，盲目追隨著時尚雜誌上的「流行」色彩，或找來的室內設計師，不願費神了解或你的需求，卻只關注於創造自己的聲譽，結果屋子裡每件事物看起來都美妙極了，只是你不知怎麼搞的，就是無法在裡面安歇，就是不舒服，覺得不對勁。這樣的氣氛肯定不能創造出幸福和諧，並且也許除了那位設計師外，也不會有人在必要的時間外，還想在裡面多待一分鐘。

第四章
色彩學

我在第二章時解釋過，我們試著找出各個色調差色與人類情感微妙差異之間有何關聯之時，必須先找出造成該色調差異的物理特質，並學習加以分辨。以光譜上的黃色爲例。春天的黃色，如喇叭水仙，與秋天的黃色，如菊花，以及新的黃色鷄毛 子之間，若都是溫暖的色調，其間究竟有何差別呢？而冷色調的檸檬黃，又是怎麼造成的？

雖然我們還須藉助複雜的電腦色彩，進行許多研討，才能將一切的彩度、暗度、明度等，一一加以歸類編號，但我們已經大有進步了。舉例來説，上述問題的答案顯然是，春天的色彩沒有摻雜任何黑色，而且只有一定的飽和度。在斯堪地那維亞(Scandinavian)學院的自然色彩系統，通稱爲NCS，以白色加上百分之五的純黃色，所産生的顏色，是屬於春天色系，若加到百分之七十的純黃色，則該強度的顏色即屬於秋天色系。若於純黃色中添加任何黑色或紅色，或顏色立即屬於秋天色系。冬天的黃色則添加了綠色，但不超過百分之三十，否則就成了溫暖的綠色了。夏天的黃色（並不很多），有一些些的綠色和灰色。而當綠藍色轉成藍綠色（也就是綠色成分越來越多時），就從秋季到了冬季了。

我熱切期待有一天，我們能將各樣色彩從水平式的圓軸排列，黃、紅、藍、綠，再回到黃，加上垂直式黑白色調的排列，如此就可清楚看出各個季節中每樣顏色的物理特性，或屬於哪一色系了。這也是我們目前正在進行的工作。

同時，同一色系的顏色擺在一起時，自有一種清楚無誤的和諧存在。要找出這樣的和諧是可以訓練的，但也有許多人無須任何訓練即能辦到。因此，如果你已知道某個顏色是屬於某個特定季節，就可藉著顏色比對，察看其間關係的方式，分辨出其他顏色是否屬於同一季節。

本書的目的在以傳統的視覺法，展示出各個季節色彩所共有的特性。要對每一種顏色

詳加分析，顯然並無可能，但令人驚訝的是，一個具有代表性的色彩盤即可清楚地呈現出其要點。

看看以下數頁的色彩盤，每一頁都包含著十六種色彩。就某些方面而言，這些顏色都是同樣的十六個顏色，只不過其色調略有差異。如果你想要評估自己對各組顏色的心理反應，就要分別注視各個色彩盤，並於其間留些空檔。

每項暗度、灰度或彩度都只會出現在一個色彩盤上，沒有任何一種色彩會同時屬於一個以上的季節。但有三種非常平衡的色彩，發生在季節光譜中心附近，是土耳其玉色、桃紅色、奶油色（或灰白色），嚴格說來都屬於春天色系。設若我們極少能自由發揮，這些顏色在某些情況下皆可跨越季節，成為非常實用的色彩，並能調合不同的色系。

────────── 春天的色彩盤 ──────────

第一個色彩盤與春天有關，其中的色彩皆是溫暖明亮的粉色調。澄澈是這一色彩盤的核心要素，而且亦可發現到主要顏色。我們用來形容這些顏色的字詞有：緋紅色、珊瑚色、西瓜色、桃紅色、明黃色、翡翠綠、蘋果色、碧綠色、土耳其玉色、鈷藍色、天藍色、紫丁香色、紫羅蘭色等。支持這些色彩的中性色彩為奶油色、駱駝色、淡灰色。

此一色彩盤中並沒有暗沈的顏色。即使是「海軍」藍也相當明亮溫暖，與其實為黑色的海軍制服無甚關聯。這裡有些灰色，但皆具有溫暖輕快的特質，能支持這些柔和清明的顏色，而不會予以壓制。沈思著這一色彩盤時，無論你的人格特質是否與它一致，都會本能地感受到生氣、光采與單純。

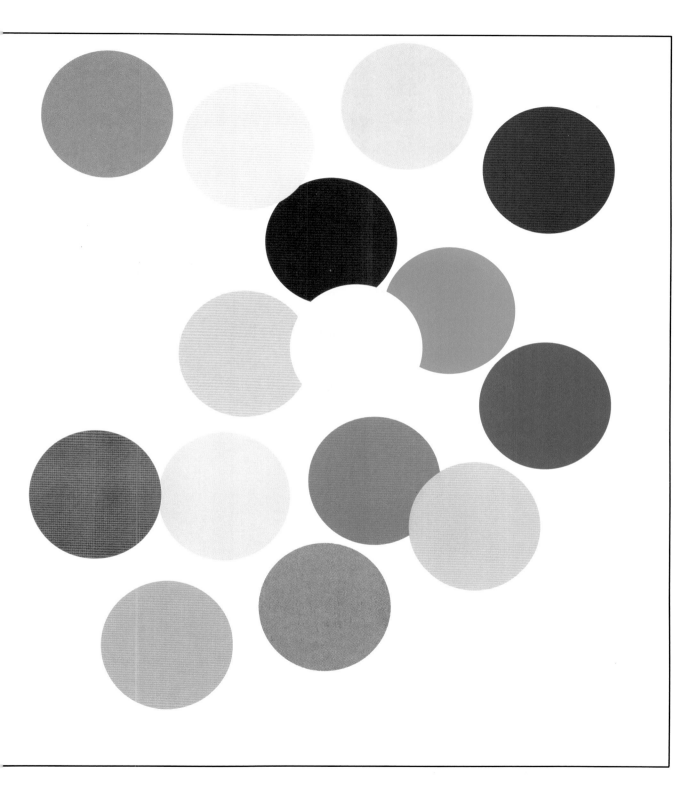

───────── **夏天的色彩盤** ─────────

第二個色彩盤的特質完全不同。這些顏色基本上都屬於灰色調，含有大量的灰色，且沒有明顯的主要顏色。細緻是其基調。用來形容這一色系的顏色名稱包括：栗紅色、貝殼粉紅、玫瑰粉紅、淡玫瑰色、黑紫色、葡萄色、鼠尾草（灰綠）色、銅綠色、深綠色、粉藍色、皇家空軍藍、薰衣草（薄紫）色、淡紫色等。支持此一色系的中性色有暗灰褐色、涼爽的海軍藍、中灰色及牡蠣色。

夏天的色彩盤裡毫無極端色彩。如果有一張色彩地圖，你會發現夏天的一切色調都位於地圖的中心區。這些顏色都很輕爽，但有些微重量，也有些顏色相當暗，但卻決不沈重，而是永遠細緻、柔和。

夏天色彩盤所表現出來的特質是冷靜、平靜、高貴、優雅、含蓄。

秋天的色彩盤

我們從第三個色彩盤可再次看到溫暖的色澤及一定的生氣。但這次，其色澤更濃密，並主要爲暗色調，且毫無主色。這些色彩都不平常，從色澤華麗到極端細緻都有。這些暗色調色彩的名稱包括：朱紅色、罌粟紅、火餤色、焦橘色、鏽色、芥茉色、奶油黃、葉綠色、橄欖綠、叢林綠、野鴨藍、孔雀藍、雪鳥色、茄色、溫暖的葡萄酒色等。此一色系之最佳中性色乃爲一切暖棕色，從淺石色至煙草色，至深巧克力色不等。

在印刷上，可以印出秋天的「海軍」藍及灰色。在時裝界則鮮少如此，因布類印染出的深藍色並不具有秋天的溫暖氣息，除非能加入足夠的綠色，成爲野鴨藍或雪鳥色。

純粹的灰色並非秋天色彩盤裡的特色，我們所能達到最近似的顏色，嚴格說來，要不就是綠灰褐，要不就是石灰褐，這兩者都是比較容易用印刷油墨印出來的。

這些色彩的關聯在於大地，及自然界。這色彩盤暗示的是深度與實質，濃密豐盛與成熟。

───────── 冬天的色彩盤 ─────────

最後，第四個色彩盤包括的是非常強烈的主要顏色，是純然的色調、極度彩調、極度暗調之間的強烈對比，但毫無灰色調。你會注意到這是唯一具有純白及黑色的色彩盤。這裡所用的顏色名稱包括：紫紅、深紅、郵筒紅、鮮粉紅、波斯橘（爲冷色調的橘色，幾乎與名詞相反，但並不全然如此。這種顏色並不常見，但在時裝界卻偶爾會大受歡迎），檸檬黃、阿月渾綠、翡翠綠、薄荷色、氰色、紫藍、冰藍、午夜藍、靛色、深藍紫等。

此色系的中性色彩爲黑色、白色、炭色、銀灰色及海軍藍（較近似海軍制服顏色），但沒有奶油色、灰褐色或其他柔和色調。

沈思此一色彩盤，會感知道其中所蘊含的戲劇及繁複。此處毫無細緻色彩，只有水晶般的清澈與力量。

PART TWO

第二單元
你自己的色彩盤

美國一位極具稟賦的色彩學家蘇珊凱吉爾（Suzanne Caygill）於1980年時寫過一本書，名為「色彩－－你的要素」。該作者並在書本封底寫道：

「一切色彩的根源皆在大自然。我們若察知到大自然已給了我們一整套有關色彩的線索，就能夠予以撿拾，作為追尋自我的標準。」

第五章
找出你真正的顏色

奮力探求生命意義，以及自己於其中所處的地位，並習得其教訓，朝向智慧洞明之路邁進，可說是一種非常奇異的過程。我們經常反覆地學習這些奧秘的警句：「不要丟棄你的力量」，「要自愛」，「到自己內心深處探求答案」，「創造你自己的現實」，「向更高的自己屈服」等，並且徹底依照每一句話去做，然而一切卻都沒改變，四周的世界也持續進行。為什麼呢？難道無休無止地討論自己，並盡力理解這些觀念，最後的結果就是這樣？

其實這裡還須要一些東西，一種詮釋的工具。色彩心理學可以在學院派的理解力及真正認識我們自己之間，搭起一座橋樑，而且獨立於幾乎從我們一出生，就引導著我們的好心父母及其他影響力，所造成的對自我及社會的觀感之外。每個人都以自己的方式取得智慧及理解力。有些人生來即具有靈性的覺醒，能夠理解到高深的形而上學，但大多數人都是從現世上與每個人有關的個人表現、人際關係、職業等問題開始，並且只是為渡過此生而活。

本書所述，了解色彩心理學的方法，是一種相當清楚容易的方式，可以進入視覺範疇，使我們開始對自己更為了解，每認知到我們在更大的事物範疇上，所處的地位為何。先從每日的小事開始問起：：「什麼顏色的口紅適合我？」也很好。

這問題的答案正是認識你自己獨特性質的第一步，藉此你可以你自己的步伐、以你自己的速度去探索，一步步發掘出更多屬於你色彩盤上的顏色。

如果我們再考慮一下自然界，就會見到每一樣植物、飛鳥、動物或昆蟲，都完全知道自己是什麼，並且都會盡其全力扮演好自己的角色。玫瑰不會想要讓自己看起來像棵橡樹；綿羊不會將自己漆上條紋，扮作老虎；老虎不會告訴世界說牠們是鹿。比起其他一切，我們人類應該比較進化，且具有較高的智能了，但卻是唯一會玩這種把戲的，而且人類一般而言，也是唯一會深感不快樂的族類。

我們都在探求要了解自我，但我們的探求卻可能一開始就變得曖昧不明，甚至扭曲原意。

也就是說，我們若讓別人的意見及觀感矇蔽了我們自己獨有的觀點，且讓別人來決定我們應如何向其他世人展現我們自己時，就會變成這樣，令人傷心的是，這卻是大多數人的寫照。

────────── 那我究竟屬於何種類型？ ──────────

你對這一切的反應，無疑都會引領你對自己的類型提出問號。我建議你們用些時間想想這問題，因為一本像這樣的書所提出的人格分析，其完整度究竟有限。當人們第一次讀到以四季描述的各個類型時，很自然的都會想找出自己的類型，但卻往往無法歸類，只有深覺困惑的看到自己的許多方面都同時反映在所描述的四個類型裡。

雖然你不太可能藉著閱讀任何書籍，就憑自己的想像，描繪出完整的自己，但卻能由書籍裡得到一些有趣的見解。要記得蘇珊曾說過，並要在此階段牢記在心，就是我們只能認出原型。而且若要知道自己的正確類型的話，就也要記得，每個人都希望自己是具有魅力且自信的冬天型，但這型出現在西方的比率並不高，可別一廂情願的立刻認定你就是這一類型。如果你是這類型，你的特質就會讓你確切知道這點，而不太須要藉助下列事項來證實你的觀點。

要開始建立你自己的色彩盤時，先從前一章的四種色彩盤中找出你最喜歡哪一種，也是挺有趣的。但別考慮太多，只要相信你的第一直覺反應。這項測試未必能完全決定出你自己的季節定位，但的確有百分之七十～八十的人是這樣找出來的。

其他人則可能受到某些很強烈的附屬影響力所推動，或有其他原因。因此，我們暫時先來找出最喜歡的色彩盤。很可能你會在兩個色彩盤猶豫不決，這種情況時，可能其中有個是你的真正季節，另一個則是對你具有強烈的附屬影響力。有關附屬影響力的問題將於第六章提出討論。

青春期時對自我的探尋很像在剝洋蔥，歷經一層一層的調整，而且較諸你家裡的顏色，你的珠寶、圖片，及其他較不受流行影響的事物，你所穿的衣服也比較無法正確的表現出你自己。流行上的調整非常強烈，但基本上卻十分短暫。因此我們在此先忘

（右）客觀的注視自己可說極為困難。我們對自己細節部分的認知總是比其他人的觀察所得還少。我們對自己的認知，很可能只是基於一時心血來潮時所選的季節，或基於過去所作的調整，或基於訓練所培養出的習慣。

（選自「色彩－－你的要素」一書）

掉洋蔥的外層，但專注在較能表現出真正人格的那一面，並試試以下的問卷：

1.除了黑色和白色外，你最喜歡的主要顏色是什麼？

a.黃色　　　　b.藍色　　　　c.綠色　　　　d.紅色

2.在選擇房子時，你最重要的考量（除了地點、價位、及其他實際項目外）是：

a.光線　　　　b.均衡　　　　c.實質　　　　d.空間

3.設若你能自由發揮，且沒有預算限制，以下哪一項最能描繪出你理想中的起居間？

a.明亮而空氣充足的房間，法式落地窗外有個花園，並有許多綠色植物，如羊齒類、棕櫚類或花卉；主要顏色爲桃紅色、海藍色或香檳色，點綴一些綠色或黃色；座椅或窗簾上的圖案爲花卉型，並且對窗簾分外講究，都會帶有皺摺；有許多金黃色的木類，如松木或　木，也可能是柳枝或藤條。有些些像把花園帶入室內的感覺。氣氛是非正式的，陳列著許多裝飾品和紀念物。

大型窗戶、圓圓的形狀、花卉類植物，以及溫暖的色調，在在使這房間成了適於春天性格的理想環境

這串鑽石項鍊的典雅魅力，唯有經由冬天女子的戲劇色彩及性格，才能予以完美地呈現出來。

典型的秋天女子會喜愛上這款由半寶石玉及厚重黃金鑲成的首飾。

這個非常戲劇化的房間對冬天性格的人將深具吸引力。鮮明的黃色椅墊是典型的冬天色調。

b.優雅挑高的房間，裝飾著曲線柔和的精巧古物；上好的地毯，也許有光亮的木條鑲花地板及中式地毯。顏色是柔和的灰色、藍色、玫瑰粉紅；窗簾是帶波紋的垂絲窗簾，設計典雅，並帶有網狀或薄紗內簾。四處點綴著名貴的花瓶，插著新剪的花束，整個氣氛是平靜又有秩序。雜誌架上放著當期雜誌，一點不雜亂，是個優雅的起居室。

c.這個房間的重點在磚造或石造的壁爐，加上橡木製的壁爐架。地板是光亮的木板，撒佈著波斯或土耳其地毯，或覆著厚厚的巴巴里地毯。有一株大型的橡膠樹，並點綴著幾棵深綠色的植物，都長得很茂盛，並且至少一面牆上陳列著書架。

座椅主要是又大又柔軟的扶手椅和沙發，並強調著色澤濃厚的木類，可能是樺木或一張大型咖啡桌。窗簾是薄棉布或亞麻布或其他紡織品。主要的色彩是中性的蜜色調或灰褐調，並且椅墊是極富戲劇色彩的艷紅色、橘色、鏽色或鮮明的孔雀藍。氣氛十分堅實溫暖。

d.極佳的簡單房間，主要為白色，點綴著一些家具上的黯黑色。並有玻璃，或是厚重玻璃板，或鉻製咖啡桌，或一大片鏡子。

裝潢減至最少程度，但每樣物品都極昂貴，且是戲劇化的前衛派；座椅可能是黑色真皮製成，窗户則覆以百葉簾而非一般的窗簾。主要的色調是消色調，或無色調，卻有幾樣小件的現代雕塑品。氣氛是令人印象深刻的未來派，是一種思想上的巴郝斯(Bauhaus)學院。

4.撇開價格及地位不談，哪一種寶石或飾品最吸引你？

a.輕質的金絲首飾、黃寶石、翡翠、蛋白石？

b.白金、月石、電石、星光石、古典珍珠

c.厚重的黃金、銅製品、具有民族風味、黃玉、琥珀、石榴石、火蛋白石。

d.銀、奇特的鑲工、鑽石、紅寶石、黑珍珠、黑玉

5.你最喜歡的社交場合是什麼？

a.野餐、音樂會或馬戲表演；隨意式的餐會

b. 演奏會或芭蕾舞；高雅的晚宴

c. 歌劇、電影或內容豐富的法庭電影；晚上則與好友共聚爐邊

d. 時尚的雞尾酒會，初夜晚會，藝術屋電影、新書發表會

6. 你會把自己形容成：

a. 很友善，很關心人

b. 相當害羞

c. 對人感興趣

d. 有自信

7. 你喜歡哪一類型的音樂？

a. 流行音樂、搖滾樂、小型歌劇或古典輕音樂

b. 柴可夫斯基、莫札特、巴哈、舒伯特

c. 歌劇、重搖滾、鄉村樂、貝多芬

d. 爵士樂、當代古典樂、重金屬、(Gorecki)

8. 在藝術方面，無論你的教育程度如何，你會本能地最受什麼吸引？

a. 水彩畫

b. 印象畫

c. 油畫

d. 蝕刻畫或線畫

9. 考慮到領袖這一概念時，若你擔任領袖，你會：

a. 用你的熱忱激勵他人

b. 寧可擔任「幕後的主使人」

c. 站在前方領導他人，絕不要求他人去做你自己也沒有把握的事

d. 綜覽全局，專注在最有效的授權方式

10. 你們一群人聚在一起要舉行社交聚會時，女主人宣布說，這次聚會可能無法如期舉行，因為褓姆剛剛來電說她無法趕來，不知道有沒有人能在短短時間內找到另一位褓姆。這時你會：

a. 想起你姑媽有位好朋友五年前認識一位極好的褓姆，並準備設法找到這位理想人選

b. 直接查閱你紀錄整齊的資料記事本，以找出最好的解決方法

c. 用大量時間及精力討論為什麼那個褓姆這麼不可靠之後，再提出問題並盡可能加以解決

d. 不太在意這問題

關於問題一。與各個季節相關的顏色都與人格特質原型要素有關，但藍色於世界各地都是最受歡迎的顏色，並且許多人對與自己眼睛顏色一致的色彩都有強烈的反應，因此，比方說，你若覺得自己屬於春天型，但你喜愛的顏色是藍色，不必氣餒。除非你十分不喜歡黃色，那樣的話，也許你應重加考慮。

如果你的答案大部分為a.，你最喜歡的色彩盤又是第一種時，你要不就是屬於春天型，要不就是你身上具有大量的春天影響力。你可能屬於春天型，並且與你自己十分和諧。

如果你的答案主要為b.，並最喜歡的色彩盤為第二種時，也是一樣，只不過你傾向夏天型。

答案大半為c.，並最喜歡第三種色彩盤時，反映的是秋天型。答案大為為d.，並最喜歡第四種色彩盤時，則表示屬於冬天型。

大多數人到目前這階段後，對自己的類型應該都開始具有相當清楚的概念了。假若，比方說，你在這問卷上的答案大半都與某一季節有關，但你卻強烈地寧選另一人固色彩盤上的顏色，這可能表示你在否定自己的真實本性，或只是因為你看不清自己。這可能是你的自尊較低，無法看出屬於自己類型的美感，卻寧可選擇別人的影像。

如果你對這問卷的答案並沒有顯出主要的類型，可能只是因為你對自己認識不多。

在這兩種情況下，找個與你極熟並愛你的人，請他們提供些意見可能是個不錯的主意。丈夫通常對妻子的顏色類型極為清楚，但奇怪的是，情況反過來時，妻子卻似乎較無法客觀地看待她們的丈夫，而且通常傾向於提出她們自己的類型。（你看到他們一起在男裝部的機會有多高？）

但除非你真的很困惑了，否則最好不要尋求他人的意見。事實上你天生就十分知道自

己、了解自己，你讀這本書、進行這些問卷的唯一原因，是在提醒你自己，你究竟是怎樣的人，因此你大可回到你自己的獨特方式，以免其他人的意見把你領入了歧途。

同時，令我驚異的是，我們對自己常懷著錯誤的認知。我相信我們都舉得出一些例子，證明有的人雖然一再表明自己的性格爲何（通常是在批評他人的時候），但實際上他們的行爲卻是完全相反。

你們開始認知到自己的類型後，就可以深入探討各人格類型的含意，並如何使用這類型了。每當有人問我他們屬於何種種類型時，我一向回答說我不知道。這有兩個原因：首先，沒有經過適當諮詢，我的確不知道答案；雖然我用專業方法

猜測出主要的季節，卻不太可能完全找出附屬的影響力；其次，這樣的過度簡化對他們不會有任何好處。如果我告訴某個人說，他屬於「春天型」，卻沒有再花點時間解釋其中含意，以及如何應用這項資料時，最好的結果是毫無意義，但最壞的結果呢，如果這點給了他們一些他們所不了解的標示，使他們一直依附著這標示又試著加以適應時，卻可能造成傷害。

在進一步説明之前，我們先來複習一下前面就四種原型所討論的事項：

──────── 春天 ────────

你的引導要素是水（喜歡移動）。 你是個明亮、溫暖、外向、友善、關心他人的人；你喜歡黃色，生活中極需要大量的光線。你不會墨守禮法。你理想中的起居室要有法式落地窗，大量的盆栽植物，非正式的氣氛，並有些將花園帶入室內的感覺。你喜愛閃亮的飾品，鑲著金子、黃金、翡翠或蛋白石。你參與社交活動時，喜歡音樂表演、馬戲表演、或任何有極多人參與同樂的非正式活動。你喜愛流行音樂或古典輕音樂，以及水彩畫。

如果你的工作很成功，並居於領導地位，你基本上是以你的熱忱來激勵你的部屬。事實上，熱忱是你的主要特質。你會有無數麻煩需要你去幫助，但有時候你的熱忱也會隨著你而出走（除非你亦同時具有冬天的效率）。你很機伶、迷人、善於溝通，若你在媒體或銷售或市場行銷上工作，你天生的才幹就會大放光采。你也可能是個很好的護士，因爲你會用你陽光般的特質和關懷的態度，來照亮他人的生命。

知名人物中，顯然展現春天特質的有：
MEG RYAN
（梅格萊恩）
NICHOLAS PARSONS
（尼可拉帕森斯）
ELAINE PAIGE
（艾拉妮佩姬）
BILL CLINTON
（柯林頓總統）
GOLDIE HAWN
（歌蒂韓）
LARRY HAGMAN
（賴利哈格曼）
MARILYN MONROE
（琳孟洛）
TOMMY STEELE
（湯米斯蒂爾）
OLIVIA NEWTON JOHN
（奧芬薇亞紐頓瓊）
CRAIG MCLAGHLAN
（克雷格麥拉連）

這些可能像任何人會提醒你的一樣，都是很不錯的特點，但每一種特性都可能被視爲具有負面的性質。春天型的危險在於你可能太過輕率地掠過生命表面，別人對你的負面評語都起於你不願走出你的內心。春天型的男子可能是個可怕的調情能手，但並無意迷惑人，並且通常在事情緊張時，春天型的人，無論男女，都會轉向他們那令人無法抗拒的迷人魅力，或訴諸巧妙的手法，來避開「重大」的情況或直接衝突。我們顯然一點都不希望帶有負面的特質，但就像前面提到的，並沒有絕對的事物，並且四種類型的人都可能被視爲具有負面的特質。在了解全盤真相上，這也是挺不錯的。

夏天

你的引導要素是空氣。你很安靜、溫和，相當害羞，但基本上很冷靜、平靜、鎮定。你最喜歡的顏色是藍色，你喜歡將事情保持完美均衡，無論是你的理想房間，或就心理學而言皆然。你的飾品可能爲白金。

（如果這是事實，你可能認爲黃金相當俗氣），鑲著月石或電石；色澤閃亮的古典型珍珠項鍊正是爲你而創造出來的。你厭惡一切俗氣虛浮的東西，環繞你的都是永恆的典雅物品。你的社交方式很正式；你喜歡古典音樂，熱愛芭蕾。細膩的印象派畫作很能吸引你。

你毫不希望成爲舞台人物，寧願默默在幕後工作，這樣你強烈的撫育本能便能支持並平衡整個企業，無論那是什麼。你在某些方面頗具藝術天分。你可能可將藝廊或古物店經營得很好，或藉著你那令人鎮定的外交手腕，執行律師業務或擔任人事經理。醫藥業也很適合你。

夏天也有一些負面的評語，皆起自你的內向，以及你的均衡感。碰到麻煩時，你是天生的和事佬，並且你那溫和的同情心極具鎮定作用。然而你卻始終都能保持客觀態度，使你不致深入涉及他人的事件，並且你經常能保持沒有偏見的冷靜狀態，以致似乎有些疏遠。你也可能被某些人視爲相當勢利。

左邊的名單有助於描繪出夏天型的人傾向於遠離舞台中心這一要點。這樣的人除了他們正在致力達成的事物，所不可避免帶來的副產品外，都不喜歡出風頭。在英國皇室這例子裡，其家庭成員皆因其出身而躋身世界舞台，其主要類型皆爲夏天型，並且夏

前面已經解釋過，夏天型的人並不喜歡成爲公衆人物，但下列人物卻顯然屬於這類型：

HM THE QUEEN（女王）
HM QUEEN ELIZABETH（伊莉莎白女王）
THE QUEEN MOTHER（母后）
HRH THE PRINCE OF WALES（威爾斯王子）
PRINCESS GRACE OF MONACO（摩納哥葛莉絲王妃）
NELSON MANDELA（尼爾森曼德拉）
GRETA GARBO（葛瑞塔伽波）
SIR DAVID STEELE（大衛斯蒂爾爵士）
GRAY COOPER（賈利古柏）

天型特有的嚴謹及責任感，雖有時使他們備受嘲笑，但實際上卻在過去六十多年來，為他們（及該國）帶來了許多好處。

———— 秋天 ————

你的引導要素是火。你基本上屬於由外引動型，無論是人或「如何」及「為什麼」的概念，永遠都使你感到興趣。你會被綠色吸引，你的理想家居環境會反映出大自然的豐盛富足。雖然你強烈的受到其他人影響，但你喜歡家裡舒適封閉，因此你會很快樂的住在叢林深處，但歡迎每個人去探訪。

你對於寶石並不熱衷，但比較喜歡用半寶石作成的，富饒趣味的設計。你的社交活動很頻繁，你喜愛哲學式的辯論；強烈音樂和色澤富麗的油畫很吸引你，並且你那永不滿足的好奇心永遠都會驅使你在前頭引導他人。你很有效率、很強壯，但經常會以不必要的評斷態度和情感，使事情複雜化。

對你人格特質的負面評語來自這些態度和你暴躁的情緒；當你自認為正在致力於改正錯事時，你可能被視為專橫、叛逆。你激烈的特質可能會使你極度疲倦。

採礦工程師、調查記者、心理學家或任何會使你深入核心的事物對你都有好處。（但要小心，若你決定成為律師時，要注意保持客觀，並且要接受這點，即法律未必永遠都站在正義的一邊。）

———— 冬天 ————

你的引導要素是土。你很熱情、很強壯，但一點也不是外力引動型的人。你相當內斂，無法忍受雜亂，並且需要有空間感。你的理想起居室要有令人印象深刻的設計，你對於最時新的款式也有善加經營過的本能。你是決定時尚的人，而不是跟隨者。你是享樂主義者，拒絕一切廉價品及贗品。你喜歡壯觀的驚人首飾，最喜歡的是鑽石及紅寶石。特出的鑲工也會吸引你。

你喜歡成為社會的領導者，不喜歡被發現處於任何骯髒的企業或屈居於他人之下——除非該情況暫時合於你的長期目標，這時你就會展現極強的冷靜。你完全充滿自信，喜歡實驗性的設計、現代音樂、蝕刻畫等。

你是天生的領導人才，有能力保持疏遠客觀，絕不會讓情緒模糊了較大的益處，並且

你不會浪費時間在學術性的問題上。你會在金融界或政治界大放光芒，你也可能喜歡把你明星般的特質用在小地方，或電影、電視、戲劇等。

當然，其他的人可能將你視爲冷血傲慢，但他們不了解的是，你所知道的也許真的更好，而且你的實用主義正足以把事情完成。極少人了解無情和不關心之間的差異，但你若不希望自己成爲受人敬重崇拜，卻不怎麼爲人熱愛時，這點頗值得你思索。

以下這故事可能是虛構的，卻正足以秋天型與冬天型的人有何不同。有一次勞倫斯奧立佛與達斯汀霍夫曼一起演出Marathon Man（馬拉松男子，暫譯）時，一天早晨，勞倫斯看到滿臉倦容的達斯汀踱進來，不禁深表關切。

「親愛的伙伴！」這位高貴的演員說（奧利佛爵士是冬天型）：「你看起來好蒼白，那是怎麼回事？」

達斯汀霍夫曼（秋天型）憂心地回答說：「沒什麼，只不過我整個週末都進到那個角色裡去，並且三個晚上沒睡了。」

奧利佛真是被他搞糊塗了：「你有沒有想過，用演的就好了？」

有個辦法正足以說明這四種類型的特性。想像有間雜誌社，廣告部門的理想人選自然是春天型的人，因這類型的人即使在西伯利亞也有辦法銷售防曬油。夏天型的人則負責行政部門，以適當處理廣告訂單，確定發票皆已寄出並收到款項了。

秋天型的人則是記者和專欄作家，冬天型的人則是藝術總監，也可能是編輯。

這樣的雜誌設正是完美搭配各類型的好例子，在了解心理學上這一層面時，很有趣的一點就是能實際地看到，互補的才能相互組合起來後的價值。如此，春天型的人就不會被夏天型的人爲了適當簽署訂單表格而提出的煩人問題所苦惱，卻會了解組織裡有個人腳踏實地地作事多麼重要，並也會喜歡行政部門的詳和舒適氣氛。夏天型則不會因春天型對文書作業漫不經心而煩惱，卻會讚賞他們待人時迷人又有趣的方式。秋天型不會再要求冬天型對他們正耗神處理的事多點愛心，卻能順服其較清楚的觀點，並其直覺上所知道表現事物的最好方法，並會感激那種不容妥協的完美特質。冬天型則會感謝秋天型帶來火光與熱情，並徹底研究過的資料。

因此，我們往往都會在工作場所看到同事之間，彼此以自己的標準評斷他人，希望會

冬天型的公眾人物可說隨處可見：

ELIZABETH TAYLOR
（伊莉沙白泰勒）
PAUL NEWIMAN
（保羅紐曼）
MARGARET THATCHER（英國首相，柴契爾夫人）
CARY GRANT
（蓋瑞格蘭特）
JACQUELINE KENINEDY
（賈桂林甘迺迪）
ONASSIS
（歐納西斯）
LIONEL RICHIE
（賴尼爾利基）
CHER（齊爾）
JOHN TRAVOLTA
（約翰屈伏塔）
DIANA ROSS
（黛娜羅絲）
DAVID OWEN
（大衛歐文）

計室那立眼睛朦朧的安靜女孩能振奮一些，認爲輕快機伶的銷售人員沒有大腦，控訴老闆冷血，沒有愛心，又認爲正在盡力消除不公平的霸道女人應該閉嘴做自己的事。正如盛傳中，當有位女記者向蕭伯納提議說，若能將他們兩人的特點組合起來，以她的美麗和他的頭腦，必能造出美好的孩子時，蕭伯納回答說：「沒錯，親愛的，但如果我們造出的孩子只有我的美麗和你的頭腦時怎麽辦呢？」我們往往看不出，將互補的性格放在一起所可能帶來的好處，卻只專注在可能帶來的衝突上。

第六章
個人的變化

事實上，我們許多人身上可能都找得到四種類型的影子。重要的是，要認知到這些類型本身是絕對的，就像人類只有兩性一樣，但其變化卻是無窮的。各個類型之中亦有許多變化，我們必須先找出繁複的附屬影響力，才會真正認識到它實際上多麼單純。

這些色彩類型掌管著我們全部的五種知覺，並於線條、形式、空間等問題上，皆有一定模式，且其邏輯之單純幾乎可笑。

---------------------- 春天 ----------------------

春天基本上與光線及溫暖之返回有關。此時大自然是騷動不安，正要開始新的循環，有許多事待辦，氣氛既輕快閃爍且十分忙碌。至於人們，這些概念最正確的表達是圓形或球形（像氣泡）、細緻、清楚的線條與充滿生氣的鮮明紋理，不會妨礙到其輕鬆快活，亦不會阻擋到其活動。氣味是芬芳柔和的花香，最適當的首飾是閃耀且可能會移動的。任何沈重黯淡的東西都會造成負面的影響。春天型的人也許會過重（並很討厭這點）卻仍會給人一種輕快的印象；他們的腳步輕盈，輕常都很會跳舞，而且他們善於保養，永遠看來都很年輕。這一型的人也可能會有深色的黑髮，但顏色上卻不會太暗沈。女演員Pauline Collins正代表這種變化，而HRH the Princess of Wales則代表著其原型。

春天型的人很善於溝通，通常很機伶、很迷人，能吸引各式各樣的人，而且絕不會陷入官僚作風或嚴肅的沉思。

春天型的人喜歡金色的葉子和閃亮的亮光漆，雖然你唯一喜歡擺在家裡的金屬是銅器。你喜歡閃亮的切割水晶，特別是美麗的威尼斯七彩玻璃。如果你邀請賓客晚餐，絕不會是特別正式的場合，卻是有趣的。你的桌子將十分迷人，也許不會有桌巾，而只是擺上餐墊、花卉圖樣或鑲金邊的磁器、閃亮的刀叉和玻璃杯（春天型的人特別喜歡那種一組六件，顏色各異的長腳水晶酒杯），桌上再加上一兩小束新鮮的花朵。如

果第一位賓客來臨時你還沒完全準備好，你會高興地請他們幫忙洗洗萵苣或開酒；春天型的人可說較不拘禮。

春天型的人有一種非常強烈的實際性格，很喜歡討價還價。你很多愁善感，很喜愛展示紀念品。我就認識一對春天型的夫婦在他們的客廳擺著一座鑲著玻璃的展示櫃，幾乎與牆同寬，擺滿了他們過去數年旅遊各地時所收集的小洋娃娃。

你最喜歡的廚具是色澤淺淡的薄板櫃，而不是堅實的木製品（但是，正如前面所述的，你也會喜歡用石灰處理過的橡木製品），而且你的地板最好是淺色，因爲深色的地板會造成你心理上的沉重感。典型的春天型的人通常都很會料理家事，因爲任何不清新或有些皺巴巴的東西都會讓你不舒服，因此通常所謂淺色地板容易顯出灰塵的說法，對你而言是最不以爲意的。你家裡其他部分若能鋪上地毯對你是最好的。你的生活裡一定要有花，如果擺飾上沒有，就務必擺多一些室內植物，並且羊齒類植物特別適合你，而且你對園藝十分在行。

───────── 夏天 ─────────

夏天型的人最喜歡的是柔和的 S 型曲線細緻布料，最好帶點光澤，並具有古典風味。如果你必須住在一個天花板非常低的地方，無論用什麼顏色，你都絕不會覺得十分舒適。大理石柱和耀目的曲形樓梯對你特別適宜。這也許有些不切實際，但你最有興趣的仍是在當代房子中，找一棟比較注意各部分比例，並且天花板比較高的房子。在地板方面，你也許會欣賞毫無瑕疵的木條鑲花地板，也許再加上一條細緻的中國式地毯。如果你鋪設地毯，品質一定要很好，很柔軟。你也會喜歡印染品，但樣式要很細膩，帶些印象派風味，也許是潑灑在布料上的盛開花朵，而不是春天的花苞。帶有緞面細膩色澤的畫作很能吸引你。

由春天進展到夏天時，時序減緩，色彩亦較爲柔和了。春天和夏天在柔和輕快上都有些共通點，但夏天時大自然正在成熟中，比起生氣煥然的年輕春天，此時氣氛更爲柔和、更爲流暢。當記起加勒比海沿岸色澤富麗的夏天節慶時，最初可能很難了解爲什麼夏天會被描述成安靜或冷靜。而後我們了解到，夏天色彩中的涼意是來自太陽漂成的柔和色彩。

輕快式春天型：這襲深色的海軍藍很是優雅，卻壓抑住了迪娜的個性。

明亮的粉紅色不但充滿了生氣，且對迪娜有支持作用。現在她看起來就健康多了，也輕鬆多了。

花朵式春天型：凱洛琳的夏天附屬影響力會吸引她穿上古典的海軍藍衣裳，但這色調對她而言卻太黯淡，且造成壓迫感。

這一襲長春藍的衣服就好多了。

英國式秋天型：在這幅圖畫裡，是毛衣在穿艾恩，而且顯得非常有壓迫感。

換上這件衣服後，他就比較輕鬆，並且閃耀出他寧靜的魅力。

石南式夏天型：諾爾的秋天附屬力使他穿上了這些顏色，卻使他處於壓力之下，並表露於外。

這些冷色調的顏色於他就適合多了。

細緻的橢圓形線條，泛著柔和色澤的布料，如純絲內衣、流動下垂的薄紗，以及任何有助於增進寧謐感的事物，都表現出了夏天最動人的一面，就如安憩在冷靜平靜的綠州上。想想看，在微暗的夏日傍晚走過玫瑰花園的情景。精力都內斂了耗散出去，氣候可能非常溫暖。每件倉促、吵雜、粗俗的事物都會減低夏日最優雅迷人的溫和魅力，而其典型，舉例說，則是上一任的摩納哥王妃葛莉絲。秩序和均衡對夏天型的人而言是最重要的因素，渾亂不定在其他人都沒有像他們那樣感到氣惱。他們極為敏感，無論在直覺察知其他人的感受，或在生理方面皆然。

他們有精心培養的觸感。夏天型的人寧可死去也不要穿一件粗俗廉價的衣服，他們的皮膚通常很容易發疹，無論是處於壓力下時，或穿著粗糙的衣服或布料有問題時皆然。夏天型的男士一向喜歡穿著絲襪。他們飄散著一種柔和的芳香，其首飾會發光，但不是亮眼或閃爍，並一向喜歡優雅的未切面寶石。夏天型的人通常在創造領域上非常有才幹，手指很靈巧，可能善於樂器或刺繡，或敏於直覺，擅於繪畫。由於他們很含蓄，有時會被視為怯懦，但那並不正確。夏天型的人極冷靜，背脊裡且有一條上好的鋼骨。

────────── 秋天 ──────────

秋天的激烈與熱情非常像大地。我們在秋天時都會注意到大地及自然環境，成熟豐盛正是這季節的關鍵要素，其類型天上就是堅實而充沛的。線條開始轉方，紋理上加了顆粒或成瘤結的塊狀，喜歡的是編織而非印在平滑表面（但葉狀及繁麗的圖案也很適合）。香水或鬚後水較不尋常，有森林氣味，較少花朵，並且厚重的金飾鑲嵌半寶石，如黃玉或琥珀等，對他們都極具吸引力。

秋天型的人傾向深入探索事物、詢問和分析，並且溝通得很好，但若和他們春天型或夏天型的表兄妹比起來，秋天型的人會比較叛逆，比較不拘泥舊習。會澆滅火燄的冷淡色彩，或任一種薄弱的東西，如極秀氣的家具或薄紗布料等，或僅止於表面的概念，都會降低這一類型的人的正面表現。秋天型的人是由外引動型，通常也是最容易看不清自己的人。火燄和力量是秋天的本質；這些特點都可能使我們招來麻煩，因此

叢林式秋天型：一般人常誤以爲黑人通常都屬於冬天
型，但這些冬天色彩在珍妮佛身上卻顯得非常刺目。

哇！

古銅式秋天型：這件晚櫻色毛衣配上白襯衫，可說極爲時髦，而且口紅的顏色也與毛衣配合得剛剛好。不幸的是
，這兩個都不適於維多莉亞。艾恩把他的鏽色毛衣拿給維多莉亞，使他們兩人都因此獲益匪淺。

否認這些似乎會比較舒服，特別是婦女更是如此。先驅精神正是秋天真意，每個婦運領袖以及大多數喜劇演員，都是秋天型。

秋天型的人無論外表多麼冷靜溫順，仍有一把火，這點最好不要忘記。

冬天

正如前面提過的，冬天時，大自然的力量和精力都潛藏到了地底下。冬天型的深度和濃烈與秋天型的同一特性完全不同。冬天的人極穩定，基本上是由內引動型。

冬天型最明顯可辨的一個特點就是無法忍受愚蠢。人們聽到這點時，特別是秋天型的人，往往會以為那是他們的特性。但冬天型的關鍵不同處，在於他們不會浪費時間或精力去想改造愚人，只是繼續前見，並可能說些諷刺的話。熱情的秋天型則會停下來，必要時還用舉出五十種方式來說明，並企圖改造這世界。

會誤解的另一個原因在於冬天型的人具有一種經常被人引用的戲劇般的特質。易怒的人物，如戲劇界之王或王后都與這有關。但冬天型的人無須創造戲劇，因為他們天生就是。冬天型的人走進房間時，每個人都會知道他來了，根本無須言語。冬天型的人絕不會過度補充。許多冬天型的婦女都拒絕明亮的顏色，一生只穿著素面的黑衣，並且無論有無上妝，無論白天晚上，其效果都很好，且只偶爾點綴一些白色，或可能一些紫藍或深紅，再加上一條上好的出色首飾。鑽石戴在冬天婦女身上是唯一最出色的。他們的衣飾組合通常都完全在他們的絕佳掌控之下，而且非常簡單。他們對自己的力量都十分清楚，但其表達則止於最低限度。

支持此一概念乃為尖銳的角度，如幾何圖，以及閃亮華麗的織品，如厚重的白綢緞，或黑色純絲天鵝絨；鏡子、玻璃、鉻等。其香水可能很繁複世故濃厚。

空間感對冬天型的人極為重要，我也一向建議屬於冬天型的人要盡量每天用至少三十分鐘的時間保持安靜，在這項基本需求上，沉思是個不錯的方式。HRH The Duke of Edinburgh及艾維斯普里斯萊正代表著兩種極不相同的冬天類型。

季節特色的另一項表現經常也出現於人類的頭髮上：春天的人適合捲髮，若基於個人變化，天生為直髮時，也會很適合燙捲。夏天型的頭髮是典型的細緻，可能有些波浪，或一些捲度，但不太適合剪太短。聖經上所稱「榮耀冠冕」形容的是典型的秋天

型；就像該類型的其他事物一樣，秋天型的頭髮也是豐厚繁多，無論直髮或捲髮、長髮或短髮。冬天型的頭髮要不就是富有光澤，要不就是極為捲曲（沒有半調子），並且極適合戲劇性的剪法，無論是幾何形，懷舊式或1960年代的沙宣式，或短而銳利，或長而美麗皆然。

在聲音方面，也能看出些線索。典型的春天性格有一種輕快而清楚的聲音，笑聲則如鈴響；夏天型是輕柔的；秋天型的聲音渾厚，嘎而往往粗嘎；冬天型無論屬何種族，皆聲音清脆，彷如切割玻璃。

附屬影響力

把大量的精力用來吸收這些見解、學習並了解各典型性格，並認識各類型後，恐怕你對於極少遇到絕對原型的這一令人失望事件，已早有心理準備。令人失望的是，這些類型無法四處見到。正如我已說過，雖然我們每個人都絕對只屬於一種類型，卻都多少受到另一類型的附屬影響力所影響。因此，比方說，春天的影響力會使得基本上屬於秋天的人變得比其原型來得輕快些，無論在視覺上或在人格上皆然。這樣的人可能覺得春天的芬香很具吸引力，也喜歡大量的光線、金黃色的木類，並在家裡栽種大量植物，但仍絕對屬於秋天型。

了解附屬影響力與絕對的概念雖然很重要，但卻不必因其複雜而感氣餒。若有人一向只穿著與自己季節類型有關的顏色，就會產生一切的益處，並且每個人都會本能地修正自己的方法來配合之。但我們仍必須知道附屬影響力的原則，這樣在認識你自己時，才不會困惑。因為往往我們向大眾展示的臉孔，只是我們附屬的一面。

由蘇珊凱吉爾居首的北加州色彩學家，已發現到各季節中皆可再細分成若干「類型」，並且命了名。我早年在該處研讀時，我的教師和我也一起為其他類型命了名。

以下這些例子並非絕對，但卻可能有助於更了解其主旨：

春天型的人可能為：

花束式：具有冬天附屬影響力。能穿著光譜色系上的許多種色彩。棕髮。

花朵式：具有夏天附屬影響力，皮膚帶有粉紅色調。

紙盒式：具有冬天附屬影響力，無論個性或外表皆十分明確。

古典式冬天型：理論上這襲黃褐色外套應能使艾莉蓀
看起來更具商業色彩，但事實上卻使她看起來很不舒
服。

簡單高雅的黑色絲綢，加上一串銀項鍊，就足使她表
現出其力量了。

繁複式冬天型：法蘭斯的眼睛是溫暖的棕色，因此一
襲溫暖的葡萄酒色外套似乎是個很好的主意，但事實
上卻非常刺眼。

唯有冬天型的人才能使黑色高領毛衣顯得出色。

美樂妮的金髮藍眼可能會被誤認為春天或夏天型，事實上她卻是芳醇式秋天型，並且穿上溫暖閃亮的顏色時顯得最好看。

金黃式：具有強烈的秋天附屬力，通常為金髮，聲音則是意外的粗嘎。

野花式：具強烈的夏天影響力，非常柔和的色彩。藍眼。

早春式：具秋天附屬影響力，但亦很細緻，穿著柔和明亮的黃色時特別好看。

陽春式：純粹的春天型，沒有任何附屬影響力，個性非常外向。

輕快式：具有夏天的附屬影響力，個性溫和閃耀。

閃耀式：具有冬天的附屬影響力，金髮，個性帶有生氣。

活力式：黑髮加上白晰膚色，通常錯以為冬天型，可見其附屬影響力多強烈。

活潑式：個性是永遠的年輕，色彩其個性皆明朗，具有冬天的附屬影響力。

歡樂式：具有夏天的附屬影響力，具有輕鬆的特質。

泡沫式：具有冬天的附屬影響力，個性非常快活。

夏天型的人可能為：

真珠式：唯一紅髮的夏天型，皮膚有粉紅色調，眼睛為藍色。具有春天的附屬影響力。

英國式：非常冷靜的性格，具有冬天的附屬影響力。

玫瑰式：具有春天的附屬影響力，膚色明顯的帶有粉紅調。

皇家式：具有冬天的附屬影響力，相當冷淡。

微光式：純粹的夏天型，沒有任何的附屬影響力。

花朵式：具有春天的附屬影響力，色彩柔和。

寶石式：經常被誤認為冬天型，通常有色彩黯沉，且個性較原型為強烈。

石南式：具有秋天的附屬影響力，通常頭髮帶有溫暖的金黃光澤，個性相當溫暖。

寧謐式：具有冬天的附屬影響力，個性安靜自信。

優雅式：動作十分優雅，骨架十分細緻。可能具有冬天的附屬影響力。

空靈式：具有春天的附屬影響力，相當「濛瀧」的特質。

白金式：顏色非常淺，通常頭髮很早就白了，但不是老化。具有冬天的附屬影響力。

秋天型的人可能爲：

香料式：眼睛屬金黃色調，具有強烈的春天附屬影響力。十分輕快。

黃褐式：這名稱與眼睛顏色有關，個性則是明顯的不太一樣。具有春天的附屬影響力。

古銅式：頭髮顏色正是古銅色，眼睛則爲深棕色。假性的輕快性格，因爲具有春天的附屬影響力。

日落式：個性很耀眼，沒有任何附屬影響力。穿著帶金黃的紅色及橘色衣服時特別好看。

火光式：類似日落式，但沒有那麼強烈，因冬天的附屬影響力降低了其溫暖度。

石南式：柔和的色彩及個性，具有大量的夏天附屬影響力。溫暖的紫色及紫綠色的石南調是其最佳色彩。

叢林式：淡黑髮，通常眼睛爲綠色或淡褐色，個性上有種內斂特質，帶有冬天的附屬影響力。

天堂鳥式：極爲華麗。帶有春天的附屬影響力。

琥珀式：帶有夏天的附屬影響力。眼睛或頭髮顏色像不透明的琥珀。個性溫和。

黃玉式：類似琥珀式，但帶有春天的附屬影響力，並且比較閃耀。

燭光式：帶有夏天的附屬影響力，以及較冷淡的奶油色澤。

林布蘭式：最常被誤認爲冬天型，具有強烈的冬天附屬影響力。穿深色衣服很好看。

貓咪式：帶有冬天的附屬影響力，移動時像貓一樣，令人想起美洲獅或豹。

洋栗式：紅髮藍眼，帶有春天的附屬影響力。

白　式：頭髮很早就轉爲灰色，帶有冬天的附屬影響力。

冬天型的人可能爲：

戲劇式：没有任何的附屬影響力，個性上帶有大量的戲劇性。

晨霧式：帶有强烈夏天附屬影響力，很明晰，但也很柔和。

異國式：通常爲淡黑髮。帶有秋天的附屬影響力。

魅惑式：没有任何的附屬影響力。

閃爍式：細緻的骨架，帶有春天的附屬影響力。

煙火式：帶有春天的附屬影響力，個性很快活，很給人好感。

古典式：帶有夏天的附屬影響力，非常冷靜。

繁複式：帶有秋天的附屬影響力，通常都不按牌理出牌。

莊嚴式：帶有夏天的附屬影響力，個性令人敬畏。

歌劇式：帶有秋天的附屬影響力，較ン原型更喜歡較明亮的色彩。

還有三種金髮的冬天型：貴族式具有夏天的附屬影響力，外表給人深刻印象；香檳式具有秋天的附屬影響力，於色彩及個性上皆較爲溫暖；鑽石式則在外表及個性上皆非常白晰，水晶般澄澈，具有春天的附屬影響力。

這些名稱顯然大部分都較適合女性。男性對他們的色彩類型往往不會探索得那麼深入，而且他們一旦找到自己的主要季節後，就比較有興趣了解光譜上的色彩心理學。因此我們没有爲男性的類型詳加取名，但有些名稱，如前面提過的芳醇式秋天型，顯然都適用於兩者。

就像許多複雜的題目一樣，色彩心理學的概念，如前所述，也是充滿了矛盾。經由右腦所接受到的資訊是毫無誤差，絕對可信賴的，但挑戰在於辨認出何時是右腦在運作，何時是一種佛洛伊德作用，下意識的表現出頭腦深處隱藏的東西。

舉例來說，也許有人會反抗某種一般而言對他具有支持力，且會增添其魅力的色彩，但他卻因該色彩有意識或無意識的關聯他過去某件不舒服的事，以致抵消了他對該色彩的好感。比方説，令人厭惡的學校制服的顏色，或神經過敏的父母强硬要求的某種色調等。如果是這樣的話，最好是不要勉强，並要試著逐漸「適應」該顏色，直到你覺得好了再做。千萬別讓任何人，無論是好心或所謂「專家」，來説服你用別的方法。這一方面的例子會在後面加以討論。

第七章
你的彩色世界

人類有史以來，至到最近爲止，大部分的人都生活在自己所誕生的地方，並依該地風俗特色而構成自我。世界各地的不同文化皆有其特定的性格，並表現於建築、傳統服飾、宗教，以及其人民的性質上。很顯然，這並不是意謂著，世界上各特定區域裡的人民彼此之間就會完全一樣。但值得注意的是，某些基本的特性和觀點卻有代表性，因此我們才會有「東方神祕」、「拉丁熱情」、「法國迷人」等名稱出現。

但在今日的地球村，你的種族起源已未必能決定你屬於哪一類型。有些專家相信，黑人也有可能屬於春天型，但我從未見過這樣的例子。對這點我亦持保留意見，因爲明亮及輕快正是春天的關鍵要素，我覺得很難把春天的典型特性和深色皮膚及較暗的色彩加以協調。然而我並未完全否定這可能，而且就我的經驗來說，除了這個以外，各種族中皆可找到這四種類型。

我們常習慣以表面上的標準來評斷哪些顏色才適合我們，比如說：「金髮的人穿藍衣服很好看」，「紅髮的人不應穿紅色」等，因此才會震驚的發現到，金髮藍眼的白人竟會和非裔的加勒比海黑人同屬一個類型（通常是秋天型），並且穿起同樣顏色的衣服時，看起來的感覺都很好。而且，這點絲毫無足爲奇。

當然每一類型裡都有千百萬種顏色，因此這樣的兩種人很可能會本能地在同一色彩盤上選擇不同的顏色。然而，事實上，他們的色彩盤是同一組，而且比起他們各自種族裡不同類型的同胞來，這兩個彼此相同的地方要多得多了。（如果他們都是秋天型，穿起黑色來就都不會好看。）因此本書才避免用太多視覺圖片來描述，反而強調的是四種類型的心理特質。穿上屬於你自己的色彩，於視覺上造成的美化效果則是一種副產品。

全球各地的類型

冬天型的人主要分布於東方和亞洲，以及中東的若干地區；而這些地區的氣候是極端

的。我們常認爲東方人顯然並不多愁善感，且十分有效率（他們並非沒有感情，只是他們不會讓情緒使他們偏離目標）。

幅員廣大的整片中國大陸，舉例來說，以及其中的千百萬人民，都十分內斂，且帶些神秘色彩，似乎從不會想要向西方世界開放。我們也可在四處見到亞洲人民的物質欲望及努力工作的野心。

南方歐洲及非洲的性格是濃厚外向，並通常十分熱情。Kalahari沙漠的色彩、黑森林的瑰麗美景、英國Tuscany或Provence的「綠色歡愉大地」等，都呼應著秋天的色彩盤。

再往北邊，斯堪也那維亞，我們可發現人們主要爲春天型。（記住，春天型的一項最重要考量是光線；如果你來自午夜太陽之地，因此對光具有極高的認知，就很合邏輯了。）

世界上沒有任何地方是夏天型主要分布之處，但我得知，由於某種原因，這類型出現在挪威的比例要比平均數多一些。如果真是如此，再想到挪威在世界上所扮演的角色就很有趣了。在我寫這本書的時候，我們都知道挪威的政治家正是紓解中東緊張情勢的工具，能把相爭的各黨派聚在一起。同時他們也與歐洲聯盟保持疏遠。

每一個國際商人都會證實不同文化各有其顯目特質。我即得知，舉例來說，當進入瑞典的一間會議室時，英國人會注意到的第一件事，是男士領帶上的輕快明亮色彩（春天型）。

這點又再度將我們帶到那大邏輯上。大自然於自然環境上都會針對當地居民特有的性質加以調和。因此在熱帶國家，或具有極端氣候的國家，光線強烈耀眼，人民性格亦強烈而緊張，並且膚色較深（主要爲冬天型及秋天型）。這些人本能的會穿上鮮明的色彩（或其強度爲完全吸收的黑色）。比起必須強化光線並鼓勵吸收維他命D的較北邊的人來，他們皮膚含有較多的黑色素，以爲強烈日照的保護。英國的氣候很溫和，不極端，但我們主要都傾向於溫暖和光（春天型和秋天型）。

新世界各國，如毛利、美洲土著及澳洲原住民等，其原始居民似乎主要都是秋天型；他們的顏色較深、較暖，且這些顏色亦反映於其景色上。但世界各地都有人來到這些地區地居，因此，其現代居民已變得各式各樣，並且似乎不再有主要的季節定位了。

找出你自己的色彩盤

研究其他文化的特性，實在是令人振奮、發人深省的事，並且，就如藝術家及服裝設計師常做的一般，可用這些來啓發你自己的創造力。我們都是人類家庭的一分子，並且在某一層面上，我們都是一樣的。但我們必須認識人與人之間的差異，並慶幸有此一差異。此外，還要避免採用不適合於自己的方式。在崇拜與個人認同上的差異，就如這句「那些顏色真美」，與「那正是我的顏色」之間的不同。要達到最高層次的個人表現，就必須能辨認這種差異。一旦我們找到自己真正的性質後，就應該努力不要失去這種眼光。

雖然我對色彩顯然極具熱情，但我卻不會建議任何人要於一夜之間就達到全然完全和諧的生活。我們可運用的色彩確然有千百萬種的色調、彩度及明暗度，我們衣櫥裡、房子裡的顏色，多多少少都反映出我們目前及以前的一部分，即使我們所盡力表現的幾乎是全然否定自己也一樣。將和諧帶入生活的過程並不應該匆促進行，亦不應該沒有彈性。

我自己第一次開始應用這些原則時，並沒有花點時間逐漸去進行，反而一下子就丟棄一切不具支持力的衣服，再買新的。這樣做的壞處是會令人感到痛苦，就像運用意志力節食，而沒有真誠地改變問題核心所在的態度一般。丟棄一件在我看來全然屬於冷色系，高雅迷人的黑色洋裝（事實上這顏色的確有些保護作用，因爲黑色提供了一種安全感），是需要些意志力的，而我這樣做是因爲，若我對自己所鼓吹的理念都不加實踐，是無法接受的。這樣做會有些心理上的抗拒，但那絕不是件好事。

然而，完成這過程後的報償是十分出人意外的。很快地我就對色彩心理學的潛力培養出了真正的見解。我們看著鏡子時，並無法客觀地注視自己，往往只看到自己預先考慮過的概念。但每天早上我打開衣櫥，看到裡面的顏色時，就有一種很美好的感受，並會想起這些顏色正是真實的我的反映。並且我開始對這些顏色越來越熟悉，越來越快樂，開始了解到我正在不知不覺中越來越熟悉自己，並且快樂多了。

大多數人都不會全然改變衣櫥裡的色彩來完成這過程。舊的習慣很難改變，並且除非你已經辦到了，不然就很難相信黑色的鞋子並非必要。我自己就很快以深橄欖綠，或

濃厚的深巧克力色來取代黑色。在使個人生活更加和諧上，所採取的每一步，其方向都是正確的。但可惜的是有更多人從來不會給自己機會去體驗那種美好而無以名之，且會大大增強我們生活的這一層次。而採取這觀念到一定程度的人，幾乎每個人的生活都有了極大的改變，因為他們越來越了解自己，並且通常或早或晚，都會再繼續研讀色彩學。他們能看出效果，也會想親身體驗那種深層的喜悅。如果人們只是想以此建立事業，帶來收入，我就不會鼓勵他們。而那些出於對色彩或對人類的熱愛，而研讀這門學問的人，往往也是最能敞開心胸，獲得最大的益處。

我在早年接受佛洛伊德心理學訓練時，就我的感覺，並沒有吸收許多，但卻有了一些意外的事件，開始提醒我有這個可能。這些事件亦說明了前面所提到的，若一個可能具有良好效果的顏色曾與某件痛苦的經驗有關，就可能會對這顏色產生意外的排斥。

有一天一位非常好看的婦女來找我。她顯然屬於秋天型，極有吸引力，有些強烈的秋天金黃色及戲劇性的孔雀藍在她身上都很耀眼。後來我們試了一件深色的玫瑰磚，並且在她身上顯得極為出色好看。但我還沒開口之前，她就從鏡子前轉了過來說：

「我不喜歡這顏色。」

她的心情完全改變了。

「你和這顏色有什麼關聯嗎？」我輕聲問，並注意到這是一個很敏感的問題。

「我不知道。我就是討厭這顏色。」

這與我們前面討論過的正好相符，因此我說：

「你知道這顏色是與身體和生理考量有關的色彩。你願意談談你這一方面的生活嗎？」

令我驚訝的是，她開始傷心地哭起來了。原來她一向對自己的性感沒有信心，且當時正遭遇到很大的危機，因她的先生有了外遇。她來看我只是想讓自己振作一點，但我們卻觸及到她生活中某個非常重要的領域。那個顏色正好表現出了她的性感，卻使得她不知所措。我們深入討論後，她第一次放鬆的藉著淚水得到了紓解。

當時我建議她可以下次再來多談一些，並且隨後幾個星期，我們就藉著顏色的幫忙，使她渡過了危機。

雖然這件事頗值得我深思，但卻直到第二次類似事件發生後，我才決定深入探索色彩心理學在這一領域裡的含意。這次我的顧客是一位春天型的女士，曾經擔任過演員。她的眼睛很藍，藍色通常是春天型的關鍵色調，但我注意到，無論是她的衣服或我們正在討論的她的房子，完全都沒有這顏色。我問起這件事時，她說她並未注意，但既然我提出來了，她說，她並不覺得藍色具有特別的吸引力。經過進一步討論，我們發現她小時候非常喜歡藍色。我問道：「你在學校功課如何？是很多零分還是很多滿分？大學呢？」「噢，我是個劣等生！」她回答道：「我差點拿不到畢業證書。」

到那時為止，我們已一起工作了一段時間了。我知道她絕不愚蠢。她是位智力很高，右腦很發達的人。事實上，她很有天份，而且二十一歲時就在倫敦西恩擔綱主演過一齣正式戲劇，因此並不能視為劣等生。我向她說，她潛意識裡抗拒著藍色，以致生活中都沒有這色彩，並且看到顏色會使她想起自認為能力不足的事。

正如我在第二章說過的，藍色表現的是智能上的活動，但這反應通常是下意識的，所以大部分的人並不知道這點。

這位女士震驚於這席話的正確之餘，承認道她對學術成就極為敏感，且一直自認愚蠢。後來我們在她的擺飾上加了些藍色，讓她能逐漸適應藍色。起初她對自己對這顏色的抗拒也很驚訝，但最後她開始喜歡上了這顏色，並且開始看出這顏色在我們為她調配出來的色調上具有極好的加強效果，而且在她開始適應這顏色後，她也開始越來越喜歡自己，並對自己的智能重新建立起信心。後來她買了一件鮮艷的藍色毛衣，對她而言，那正表示前進了一大步。

我一向對心理學治療上的所謂「快速療法」甚少耐心。我似乎覺得，長達二三十年，或天知道多久的痛苦創傷，不太可能在一夜之間就能找出來加以治療。因此我向來都很謹慎，對於色彩心理學於亂糟糟的生活上所具有的療效，一向不輕易作出不切實際的評語。但我要說，色彩心理學的確有其效用，可作為純粹的診斷工具，並且可切入數月甚或數年的治療研究，並迅速而絕對正確地找出心理上有問題的領域。

雖然心理學屬於新興的學科，只在自己的領域上被承認，且大約於一百年前才有這名稱，但色彩學卻像時間一樣古老。我們一向都直覺地察知色彩具有強大的影響力，並且都能很有效率地運用其象徵意義。

第八章

你是否顯露出
佛洛伊德心結？

人們常會詢問，我們的色彩類型是否會隨著年齡老去而改變。其實不會。我們的色彩類型就像基因，又像你的指紋一樣，是獨特的，不會改變的。但色彩類型雖不會改變，我們的人格特質及生理顏色卻會隨著成熟而加深。如果你也像畢卡索一樣，經歷一段「藍色時期」；那是一種心理現象，可能長達數年之久。那時，若你所選的藍色正是適合你的色系，你在這期間的經歷就會好過許多。孩童往往比較喜歡其光譜色系上較強烈鮮明的顏色。通常若有人發現過去所穿的顏色，已隨著年齡增長而不再適合了時，就以為自己的顏色類型改變了。但真相是，那些顏色從來就不是適合的顏色。與我們相和諧的色彩會使我們的外表和感覺都年輕許多，健康許多，並比較不易疲倦，但我們年輕時會覺得任何負面的色彩都適合，那是因為那時我們比較年輕，比較健康，比較不疲倦。如果有個色彩適合你，你在一天中的任何時間都可以穿，無論早晚，有無上妝，並且可以從你出生那天穿到你過世那天。你在人生不同階段上，可能會受到自己光譜上的其他色彩所吸引，但你的光譜本身是不會改變的。

這裡還有另一層面是我還沒有提到的。我們每個人的色彩盤裡，都有五種效果特別好的色彩，並且這五種色彩能呼應並支持五種基本的心理模式。這些色彩即：

1.**力量色彩**：這色彩會令別人正視你的存在。你穿著這色彩時，不會有人想要「拍拍你的頭部」。

2.**羅曼蒂克色彩**：這色彩會強調你的性感。

3.**焦點色彩**：你極為緊張焦慮時，可能會產生壓力而需要紓解。在那種情況下，這個色彩能給你最理想的幫助。

4.**戲劇色彩**：另一種壓力來自於因沮喪而缺少活力。

這個色彩能振奮你的精神，給他人帶來一種正面的視覺衝擊。

5.**對比色彩**：這個色彩能抓住你整個人格特質的要素。它未必能給你任何額外的精力，但若你已經覺得很好了，這色彩能創造出最大的衝擊效果，並將你的人格特質全部釋放出來。

我無法就如何建立這五種色彩提供一般的意見，因爲這是屬於很個人的事。雖然有一些簡單的公式可循，卻只點出大致的方向，讓你知道應朝色彩盤上的哪個地方探尋。

基本上，要找出正確的顏色乃屬於本能上的認知。這是一種極有力的成分，我也從未告訴過任何人那公式是什麼（但任何人只要自己找出來後，我都很樂意加以證實）。

我的建議是，當你和自己及自己的色彩盤越來越和諧後，就要把注意力集中在這問題上，這樣就能把色彩心理學在個人的應用上發揮到極致。

在顏色上來說，並沒有所謂好的顏色或壞的顏色，因爲這都是相對的。蕃茄紅可能在這個人身上顯得很誇張，在另一個人身上卻很出色。因爲我們已經比較了解色彩盤的概念了，就可以來探討我們所選擇的顏色怎樣反映出我們的下意識心理。

在第二章時，我們學到有七種光譜色調與不同的心理功能有關，並且在心理學上，有四種主要的色彩，即紅、藍、綠、黃，各自與身體、心智、平衡及自我有關。

人們常以爲色彩心理學家每天早上穿衣服前，都會先沉思當天有何心情及行動。

但其實遠比這簡單，也遠比這複雜。有的問題是很實際的，哪件乾淨（最好還燙過）？還有就目前的體重而言，包括我自己在內，都會直接去拿那件感覺正確的外出服，並沒有太多考慮。

沉思的時間並不是早上的第一件事，而是早在買衣服前，在店裡選購時就發生了。

因此，如果你衣櫥裡的衣服顏色都正確的話，不論你穿哪一件，都會永遠表現出正面的效果，並無須仔細考慮。我極少會作這樣的考慮，但有時候我所選的顏色會在我參加一項會議中時讓我讚賞起自己下意識就該次會議或那一整天，對顏色所作的選擇。

紅色

如果，舉例說，你在某天早上穿了一件鮮艷的紅色洋裝或外套，或配帶艷紅色領帶，這有數種含意。你可能身體有些不舒服，知道紅色具有振奮作用；或相反的，你可能精力充沛，樂於讓全世界都知道；或你希望出風頭，知道紅色會在視覺上造成最大

衝擊；也可能你希望降低些女性色彩（無論你屬於哪種性別），甚至你可能真的準備要趕赴戰場。

如果你身上的紅色與你十分協調，就會有至少一種這樣的效果出現。如果你穿的是完全錯誤的色調，就會使你身體緊張，傳達出挑戰或侵略的信息，使你身邊的每個人都覺得不太舒服，不啻等於顯然要做出強烈的聲明，卻又不是真的。

───────── 藍色 ─────────

據說藍色是世界上最受歡迎的顏色，也就是說，被問過的成人裡，喜歡這顏色的人比較多。也許這是因為我們潛意識中都認知到我們須要有好的理由和平靜而符合邏輯的思想，才能存在於這瘋狂的世界？人們穿上藍色時，會受到鼓勵專注在自己身上，並集中於需要用腦的活動。較淡的色調表示的是沉思的心情，以及對溫柔的希望。藍色越深則越有效率，越具權威。有趣的是，這項聯想已深植於我們的腦海裡，以致於無論是誰穿著海軍藍的顏色，都會顯現出這顏色所具有的堅強力量及權威感。這點正說明了這顏色何以會廣泛而成功地應用到制服的設計上。

人們反應的對象是制服，而不是人。這在司法警察、消防員、飛機駕駛員等人身上，更是必要的。

藍色的負面特質來自於其冷靜。錯誤的藍色調可能會使人感到非常疏遠、不友善，也或許是太商業化。基本上這是一種溫和而平靜的色彩，亦可能使人感到耗力。許多人都選擇藏在深色的海軍藍後面；秋天型的婦女尤其常常拿海軍藍作為其工作服顏色。就某方面來看，這是完全合適的，的確能澆滅火燄。問題在於，火燄正是秋天型的人性質上的要素，的確不應該予以完全澆滅。但若用正確的深藍色調把火燄養在灰裡，就會好得多了。比如深野鴨色或雪鳥色。由於另一種原因，棕色調也會有同樣好的效果，因為棕色調天生就是嚴肅的色彩，對於任何想要看來嚴肅些的秋天型婦女，這顏色都很好用。熱切想在男性統治的世界上嶄露頭角的上班族婦女，通常都不用這顏色。

以為棕色會使她們顯得疲倦沒精神，其實濃厚溫暖的棕色穿在具有溫暖色澤、極富戲劇的人物身上極為有力，且遠非寒冷海軍藍的窒息效果所可比擬。

人們常以為穿衣規範對於色彩的規範極為嚴格，但其實不然。色彩越深，越有份量，也越莊重。如果你希望看起來具有專業感，富有商業氣息，就不適合穿著廉價的淺色衣服。但這並未必會把一個人限制在深灰色或海軍藍裡。我很高興看到許多男士在其商業服飾上採用了先進的色彩。以前那種鄉間色彩不得進入城市的限制，現在已完全去除了。現代的色彩就如同它應有的那樣，都是適合各人的顏色。

至於下一階段，我希望男士到時都能認知到，白襯衫和黑皮鞋乃屬於舊式制度下的深灰及海軍藍。事實上白襯衫除了與黑色禮服（或燕尾服）相配外，與任何其他顏色的外套皆不搭調。

──────── 綠色 ────────

如果你在早上拿綠色衣服穿，可能是希望這一天能好好放鬆，但在性質上則與藍色的寧謐感並不相同。

大自然在我們對大部分色彩的認知上，扮演著關鍵性的角色。雖然我們絕無法複製出同樣無與倫比的和諧色彩，卻能從大自然學習許多。綠色，舉例來說，就是具有完美均衡的色彩。

你與自己及外面的世界皆和平共處，且感到極爲平衡。要記得綠色在對眼睛的衝擊上並無須任何調適，因此能使人感到安穩。綠色與宇宙之愛有關。顯然到處都看得到鮮艷的綠色，並且這些顏色雖然都集中在心理上的同一區域，但隨著其色調從中度色調的橄欖綠、鼠尾草的灰綠，到苔綠或叢林綠的不同，其作用的方式亦各異。強烈的色澤，無論色調爲何，皆含有較多的精力，並且就定義上來說，亦較不安穩。儘管如此，綠色仍有平衡作用，而且這也是穿在人身上時所表現的關鍵要素。鮮明的綠色可能只是表現出與世界的和諧感，令人感到愉快，而且是用一種毫不含糊的方式表現出來。眼睛明亮的春天型若穿著鮮明的翡翠綠，看起來會十分悅目。

然而，也有可能弄錯。同一個明亮眼睛的春天型，可能受到大地的秋天綠色與自然的巧妙和諧所影響，以致讓自己受到負面綠色所帶來的壓力影響，變得沉寂而無生氣。綠色經常被視爲不吉祥，以致有些人對綠色的態度變得很不合理，往往拒絕生活中出現任何綠色的衣服或物品。這點可能有兩種原因。其一是稱爲綠色閃光的現象。那是當早晨空氣出現不尋常的清晰，大氣粒子反射光線時，暫時在天際閃現出綠色的情形。這曾經於1883年印尼Krakatoa火山爆發的那天早晨發生過。因此，該地的人將綠色視爲疾病徵兆這點，可說毫不奇怪。另一種則與腐爛及疾病有關。在1850年的克里米亞戰區，若有兵士腿部中彈，傷肢仍有復元的機會，但若傷口轉成了綠色，就表示出現了壞疽，復元的機會也大爲減少了。

綠色會有這些聯想實在是不幸，因爲綠色同時也是最具療效的顏色。正如我們見到的，這是具有平衡作用的顏色，深受全球熱愛。在遭喪的時候，舉例說，綠色就比具有絕對壓迫感的黑色，或過度內向的深紫色，都來得更有支持作用。都市居民若到鄉間，置身於綠色之中，甚或只是到公園待些時候，就能感到神清氣爽，精神爲之一振。

黃色

通常人們穿著黃色時都會有些神經質。這色彩的要素是光，且極爲清晰可見。休許我們大部分人都沒有察覺到，黃色帶有警告意味可說相當適宜，但其原因則完全不同，因爲黃色專注的是自我、樂觀和自尊。黃色會鼓動我們的心思，使其轉向外面，並向

桃花的色澤令人聯想到性感，但卻具有安撫作用，且令人感到舒適。同一色澤若再強烈一些，就會令人感到熱烈而充滿感情。

前推進。黃色被視爲陽光的色彩，能够振奮我們的精神，但若太多黃色，或色調不對，就會造成相當的壓力，可能顯示出其自尊並不很高，同時也顯示出正在無望地企圖遮掩這事實。若會接觸到情感脆弱的人，比如撒瑪利亞人，或是在精神病院工作的人，在選擇這顏色時應該極爲慎重。

在帝制時期的中國，黃色被認爲是神聖的顏色，唯有君王才能穿戴，這可能是一種自我的探尋。這四種主要顏色創造出了一切色彩。但要一直到我們看到顏色是如何混合的，真正的樂趣才會開始。在基本的「紅色」上，實際上即有千百萬種的暗度、灰度及彩度。在實務上，大部分的色彩都是混合色，因此會引出一種混合的情感。所以，葡萄酒紅、粉紅、桃紅、栗色、棕色等，都是出自紅色，並且基本上都是生理的，只是經過其他顏色與基本的紅色混合後，所修飾、強化，甚或完全降低色調後的主要色調。而後，次要色調再於其混色中引入其自己的特性並加以結合。

「藍色」也是包括同樣廣泛的範圍，從純粹的天藍到土耳其藍、海水的碧藍、長春藍、薄紫色，到紫色，再到夜空的深天鵝絨色等，都與智力及沉思有關。

黃色，無論是純粹的喇叭水仙花色或深奶油色，檸檬色或香蕉色、無論是否加上黑色，而有些近似橄欖綠，或加上白色，並且更正確地描述是奶油色，都是以表現出自

我及自尊、創造力、樂觀。正如前面提過的，黃色是春天和秋天色彩盤上的核心，基本上表現的是光線和外向，因此春秋色彩盤上有許多黃色的變化，夏天和冬天的色彩盤上變化則非常少。

———————————— 紫色 ————————————

另一個引領我們到人類心理學上特定領域的重要色彩是紫色。這一色彩與較高的心理及靈性有關，並且當然於每一點上都與其他四個主要顏色同等重要（也許還更重要，但傳統的色彩學家並未特別將之視爲心理上的主色）。在東方的第七個chakra上，最高的心靈進化層次，都與松果腺有關，有時稱爲屬靈的一側。而一切顏色的總合，純白色，有時亦歸於這類，但紫色則更常如此。

紫色是內向的，通常表示出穿這顏色的人喜歡獨處，安靜沉思，並且紫色也能擋住沒有感覺或沒有深思的訴求，因此提供保護。正確的紫色調放在正確的人身上，會阻擋住別人的企圖，但務必要確定你用的是正確的色調，否則一不小心就會作用在你自己身上，使你變得不健康。夏天的色彩盤包含著許多短波紫色的不同變化，且其顏色較淺，如冷色系的淡紫。至於冬天型，最有支持力的一個顏色是古典的深紫色。當然，外向的春天和秋天亦有屬於自己的紫色調，但顏色沒有那麼多，而且在其各自的色彩盤上，也沒有占到那麼重要的比重。

———————————— 粉紅色 ————————————

粉紅色是雌性的最純粹表現。（記住，我們每一個人都含有雄性及雌性兩種要素，並且偶爾表現是很健康的。）具有紅色彩調的粉紅色於生理上具有紓緩作用，代表的是雌性本質，集中在撫育及族類的生存上（正如我們已經見到的，雄性的紅色是有關基本的生存，如打鬥或逃走）。粉紅是一個相當性感的顏色，顯然與肉體有關，而且會不自覺地喚起母性的本能。如果你相信那個老笑話，男人的前九個月都在努力設法衝出子宮，之後一輩子又都在努力設法進入子宮，就會很容易了解粉紅色的性吸引力了。但是務必了解，誤用了粉紅色時，如用得過度，或用錯了色調，就會造成生理上的虛弱。許多人都把這色調用在臥房裡，這也很好，因爲這色彩能使生理放鬆而入眼，但除非用些藍色或綠色加以調合，早晨醒來時就不會感到清新。

橘色

橘色也很性感，但方式不一樣。這色彩與生理的享樂和激烈的情感有關。次要的生存本能是由橘色引起的，如溫暖、房子、食物、生理上的舒適、安全感等。不適當或不和諧的橘色會在生理上造成一種損失感，因此1980年代用這顏色裝飾英國的職業介紹所，可說是不當的選擇。在時裝上，誤用橘色時，都會造成廉價的感覺，而相反的，正確的橘色卻看起來極爲豐盛濃郁，且非常性感。

灰色

灰色是唯一完全中性的顏色，完全沒有任何心理特性。在實務上，這顏色可作爲高雅的中性色調，但你若與濃厚的秋天色彩同穿，就可能會抵消其溫暖的特性，並再次澆息火燄。更常見的是，灰色常顯出其負面的影響力，顯出缺少自信的樣子。在視覺上，這色彩要不就是會使得與它一起使用的其他顏色（或你）失去生命力，要不就使得其他顏色顯得刺目或俗麗。灰色絕不會積極強化其他色彩，最多只是默默支持。我相信我們都認識一些由生到死都只穿著灰色或黑色衣服的人，這顯示出低度自尊、缺少自信或真的很沮喪。1980年代時，灰色調成了有名的高雅昂貴的設計師色彩，尤其在室內設計上更是如此。但這點於近代更有另一獨特的理由，將於第十九章另行討論。但其價值並未帶入1990年代。

黑色

對於黑色的誤解，較諸對所有其他顏色的誤解總和還多，並且可能值得用一整章來討論。大多數人都認爲黑色是繁複而迷人的色彩，並且就某點而言，這也是真的。黑色是冬天色彩盤上關鍵顏色之一，深受高雅的冬天人士青睞，但只有穿在冬天型的人身上才會如此。若是穿在其他性質皂的身上，其特性又自不同。黑色會吸收光的一切波長，因此代表的是完全吸收，沒有光線。考量這兩者的含意會使你認識到這色彩的心理特性，如，沒有光就是黑暗，而許多人害怕黑暗，因此黑色帶有一種威脅感。黑色是沉重的色彩，會使得已經纖細的人更加纖細。但若你遇見的人已然十分龐大，再穿上全黑的衣服時，卻會顯得比實際上更加龐大，更加深重，以致很可能會使你覺得有些緊張。但其事實可能全然不同，因爲就穿衣人的觀點而言，完全的吸收提供了一種

屏障，一種心理上的安全防護；通常穿著黑色皮衣的騎士，或龐克族，或哥德人，實際上並不特別帶有威脅性，但很可能黑色衣服所提供的保護感能給他們更多勇氣。

人們常說，他們穿上很多黑色是因爲這顏色很「安全」，意思說，這顏色不會和任何顏色衝突，在人群中不會特別突出，而且永遠很高雅，但他們不知道的是，就安全感而言，他們對黑色的觀感是極正確的。有一次我遇到一位極著名的女士，問我爲什麼我認爲她穿了太多黑色。她是藍眼金髮的春天型，帶有極強的冬天附屬影響力。我向她說明了黑色的這一特點。這位女士每次從自己房子走出來後，就可能在各方面受到陌生人的攻擊，因爲他們覺得，由於他們對她很熟悉，因此完全有權利來接近她。因爲她永遠都在公衆的眼前，幾乎每一天的每一分鐘都在，因此出於保護自己，加上她的冬天附屬影響力，使她很自然的採用了黑色。坦白說，她穿著黑色並不好看，不會使她的臉龐生色，使得她必須化上濃妝才能穿上黑衣。我們討論時，她自己也看出了這一點。

至於優雅性，黑色服裝無疑的可能比艷色衣服更爲優雅。但你必須自問的關鍵問題卻是，你穿上黑色衣服後有沒有比較優雅？如果是衣服在穿你，而不是你穿衣服，而且你在穿上黑衣後，你的色彩及特質都跟著消褪了，就要注意你實際上所要做的是什麼。也許你是想要撤退，只讓你的衣服去參加聚會。通常我們出外參加社交聚會時，都會感到緊張，因爲不知道會碰到怎樣的人，不知道別人會怎樣對待我們，也不知道整個晚上會過得如何。我們選擇安全的黑色（「小件的黑色洋裝」），到達聚會場所後，幾乎毫無例外的，會發現八成以上的人也都穿著黑色衣服。

有一次我參加了一場有兩百多位賓客出席，極出色的聚會後，第二天就接到倫敦一所大學時裝系主任打來的電話。她說她那天早上聽一位以前的學生說，前一晚曾與我聊過，並建議她來和我談談，看有沒有可能去對她的學生談談我的工作。

她以前的這位學生告訴她說，我是當晚出席的賓客中，唯一沒有配戴任何黑色的人（包括男士及女士）。

這點完全可以理解；如果你要穿上紅色，就像我那天傍晚那樣，或穿著任何鮮艷的顏色，就必須要能接受，你無可避免的會顯得有些突出，因此你必須要確定你穿的是正

確的顏色。許多人對自己的正確色彩都不很確定，因此就緊抓住黑色不放。如果你真的選擇黑色，就別抱怨別人忽略了你，即使你的外出服很受人喜愛亦然。同樣的，若你已經具有很突出的性格，黑色也許能很有效的使你緩和一些。

───── 白色 ─────

當社交氣氛從1980年代閃麗的唯物主義，戲劇性的轉變到1990年代「關心、分享」的氣氛時，英國有一兩位時裝設計師宣稱，最能表現這種新式純潔的色彩是白色。

有位設計師甚至將其1990年的春天色系皆以白色表現，無論男、女，甚或小孩皆同。他們認為，由於白色在認知上與純潔乾淨及童貞有關，因此能表現出這些特質。

但這些設計師卻完全忽略了白色的要點。這些長久以來的觀點及出自純粹的現實面，即每項白色物體或衣服都會立刻顯露其污點。在關心及分享上，要達到純粹的白色，需要許多化學物質，才能作出純粹的表現。

就心理上而言，白色帶有強求味道，也可能很刺目地將光譜上每樣顏色都投射到你身上。白色帶有不妥協、衛生及醫院味，沒有任何細微的色差。白色也像黑色一樣會築起屏障，但與黑色的保護性吸收並不相同；白色是全然反射，從而築起一道「別踩我」的牆。穿白衣的人要不就是不要弄髒，要不就是比大多數人都能更常更換衣服，

我們常認為白色是全然的純潔，並且這點在自然界也的確無可置疑。但在家裡或在衣服上，這顏色卻可能帶有不妥協及醫藥味，因此使用時要很謹慎。

因此這顏色實際上並不是一種友善而非正式的色彩。這顏色是絕對醒目。再沒有比冬天型的男子，穿著黑西裝配上醒目白色更耀眼的了。而年輕的醫師一穿上白色外套，也會立即醒目起來。

人們通常會在夏天時穿上白色衣服，以爲這顏色適合配上曬黑的皮膚，能使皮膚更出色。其實除非你的皮膚帶有冷色調，這顏色並不像鮮明的暖綠色或亮藍色那樣更能有效強化你的日曬色調。但如果你很年輕，也許能適合這顏色，並且在你想要強調陽光般的氣氛時，選擇一切顏色總和的白色也是可理解的。至於若要炫耀曬黑的皮膚，效果最好的顏色卻是強烈的土耳其玉色（但色調要適合你的類型）。

往往我們都會看到一些人，尤其是想在時裝界獲取名氣的人，會完全採用冬天色彩盤上的顏色及款式。就衣服的高雅來說，這是很適當的，但就長久而言，並無法使你脫出窠臼。單單將襯衫、外套、領帶、長褲、皮鞋、皮包、披肩、裙子互相配合，卻對穿著這些的人只有膚淺的認識，以致並未予以真正考慮，其實是相當荒唐的，但卻極爲普遍，甚至被視爲標準。

這種情形在服裝店裡是四處可見的，如，「這件外套配我的新裙子漂亮極了」，卻沒有注意到那顏色會使得臉龐失色。就某方面而言，用這種方式選購衣服的人是很有信心的，因爲他們穿的是極流行的時裝，但另一方面，就較深的層次而言，他們也知道有什麼不太對勁，並且對這十分重要的「形象」並不十分安心。因此他們可能會決定將頭髮染成金色，或其他顏色，或在某些方面完全改變他們的性質等，以致使他們離開自己特有的類型越來越遠，至完全看不清自己，莽撞地只想跟上流行風潮。到最後時，無論是他們自己或其他任何人，都無法放鬆享受他們的真正本質及特有的美麗了。如果本書有任何中心信息，即是：要記住，你的色彩盤中最重要的元素是自己。

PART THREE

第三單元
居家色彩

第九章
可協調的差異

我們在第五章時簡短討論過四種人格特質的人，其室內設計的原型為何。該章的要點頗值得再予重述，即我們的家裡要比個人的外表更能正確表現出我們自己。

我經常遇到有些人，比方說，穿著著大量的黑色或海軍藍，並且通常向別人展現出冬天的類型。但我造訪他們的家時，卻發現到處都是燕麥和陶瓦。但有個不容忽略的因素是調整。室內設計的理念造在我們出生時所住的那個家，就開始影響著我們了。在我們生命的十六年左右，我們通常對於周遭環境的擺設沒有什麼可以選擇，因此只好加以適應。

這點對於年長些的讀者可能特別正確，以前的年代裡，通常都不會和長輩爭論所謂的「好品味」問題，而且這樣的調整可能深植內心。但若你退後一步，以客觀的角度審視你的理念，可能會很驚訝地同意這點。問問你自己，比方說，是否真的喜歡你客廳裡的維多莉亞風格，或者那只是一種調適而來的習慣？問問看你真的需要安裝地毯，或以傳統方式髹漆的木製家具嗎？比較年輕的人往往比較主張以自己的品味布置家裡，但即使這樣，也值得你審視一下自己的理念，確定那的確屬於你的風格。過去曾有人不止一次的對我說：「真奇怪，我還以為我對自己在室內設計上的理念已經很滿意了，但突然之間，我現在卻覺得更舒適了。」

在考慮色彩心理學與個人類型上的關聯時，有個很明顯的問題是：不同類型的人住在一起時，其室內設計要如何支持他們每一個人？

基本上，家是每個人整個世界的縮影，其狀況會直接反射出其中每個人的心智情形，因此共同的態度可能比純粹的人格特質更有關聯。有句古老的諺語說，男人於家裡的擺飾正足以反映出他對妻子的愛與態度。因此，舉例說，如果他用大量關愛和照顧來確使這工作具有最高標準，如果他覺得怎麼照顧家裡都不為過，並同時會徵詢並尊重他妻子的意見，將分裂減到最低限度，他就很可能正熱愛著他的妻子。在另一方面，

如果他開始時極有熱忱，到工具行買齊了一切需要的用品，將整個地方都拆散。
然後卻出去酒吧，讓家裡一團糟（並長達數週甚或數月），並一邊「考慮著」，一邊讓他的熱忱消散，就很可能是他對自己的妻子和家都是又愛又恨。這樣的觀察可說在我們開始考慮選擇顏色的重要性之前，即已很正確了。

純就色彩而言，若有人於居家所選的顏色正好反映出某個家人的主要特性，他們可能不自覺地表示出希望在每件事上順服該人。如果一個女人沉浸在愛裡面，且十分興奮地隨著她所愛的男人而前進，她住在一個表示其男人性格的環境裡可能對她很有支持力，但長久而言，這並不健康，因爲這顯示出了過多的依賴。我就認識一對已結褵多年的夫婦，丈夫是位搖滾音樂家，常須離家出外旅行數週。我認識他們這麼多年來，他們的起居室兼餐廳，一直都漆著一種相當鮮明的粉紅色調，而我以爲那位丈夫對這色調應該不會有反應。然而，那顏色卻正好反映出那位妻子的女性特質，而且那位丈夫也很喜歡。他告訴我說，他很喜愛回家和家人相聚，而且那顏色使他覺得像回到了子宮。每隔個三年左右，他都會再重漆一次同樣的顏色，以致這顏色已成了他們家的慣例，並使每個訪客都感受到撫慰。

協調差異的方式有兩種，其一是在房子的共同區域使用一種相當中性的色彩，並讓各個家人在自己所屬的範圍（可能是書房或自己的卧房等）自由擺飾喜歡的顏色物品。

另一方式，在我認爲更好的是，找出各成員間的共同點，並以此爲基準來決定。

任何兩個季節一定都有其共同點；春天和夏天是同樣的輕快柔和；春天和秋天都很溫暖；春天和冬天都很需要清澈和主要顏色。夏天和秋天的色調都很巧妙，且都具有同樣的高品質（但理由不同：秋天要求的是堅實的舒適感，夏天則痛恨任何廉價劣質的東西）；夏天和冬天都同樣清涼。秋天和冬天則同樣深沉熱烈。

由於試圖將一種以上季節的顏色相混是絕不足取，因此最好的變通方法乃在其他考量，如質料、形式、比例、線條、明暗，及空間的使用等。首先我們澄清一下原型。

春天

最能支持春天的質料是帶有波紋、未加工而光滑的，充滿了光、圓形、線條柔和。
你不會很需要空間感，但必須要有光線；春天型的人，或帶有強烈的春天附屬影響力

這塊座落於兩扇大窗戶之間的起居間,主要為春天型,如圓圓的形狀、光線、明亮的色彩、盆栽植物等。然而,黑白相間的地板以及帶有圖案的地毯卻都太沉重了些。若能安上藍色或綠色的單色地毯,整個氣氛就更協調了。

的人,對憂傷或季節性的情感失調都極為敏感;你喜愛有大型的窗戶或法國式門通到花園或陽台。

基本上,你所喜歡的圖樣是具有不太大的小型花卉款式,最適合你的透明漆顏色是蛋殼色。重要的是不要引入沉重或黑暗的東西,因為那會使你的精神感到壓抑,比如壯觀的大型櫥櫃、衣櫥、桌子,或其他於維多利亞末期或愛德華時期極為盛行的桃花心木或深色橡木做的東西。你本能地喜歡新的東西,但也會欣賞攝政時期的細緻風格,或淡色松木、 木、胡桃木,或極淡的橡木等。鄉村式的印花布及清爽的條紋布也很適合你。典型的春天很喜歡藤竹類和楊柳類,以及三件式圓形的波吉爾(Bergere)風格家具。我就認識過一位春天型的女士斷承一套中度色調的上好橡木餐桌組,那是一張

大餐桌，配上六張椅子，兩套刀叉，以及一個有兩根柱子支撐頂蓋，後面鑲鏡子的碗櫃。當她決定把整套餐桌組顏色漂淡時，我幾乎要哭出來，但結果那樣做的效果卻很好。

現在已經很流行用石灰處理橡木了，所以典型春天型的她可說是走在時代尖端。

問題在於此後她即樂此不疲，且若非有人勸阻，她幾乎要把每樣東西都漂淡。

春天型的人喜歡金色的葉子和閃亮的亮光漆，雖然你唯一喜歡擺在家裡的金屬是銅器。你喜歡閃亮的切割水晶，特別是美麗的威尼斯七彩玻璃。如果你邀請賓客晚餐，絕不會是特別正式的場合，卻是有趣的。你的桌子將十分迷人，也許不會有桌巾，而只是擺上餐墊、花卉圖樣或鑲金邊的磁器、閃亮的刀叉和玻璃杯（春天型的人特別喜歡那種一組六件，顏色各異的長腳水晶酒杯），桌上再加上一兩小束新鮮的花朵。如果第一位賓客來臨時你還沒完全準備好，你會高興地請他們幫忙洗洗渦苣或開酒；春天型的人可說較不拘禮。

春天型的人有一種非常強烈的實際性格，很喜歡討價還價。你很多愁善感，很喜愛展示紀念品。我就認識一對春天型的夫婦在他們的客廳擺著一坐鑲著玻璃的展示櫃，幾乎與牆同寬，擺滿了他們過去數年旅遊各地時所收集的小洋娃娃。

你最喜歡的廚具是色澤淺淡的薄板櫃，而不是堅實的木製品（但是，正如前面所述的，你也會喜歡用石灰處理過的橡木製品），而且你的地板最好是淺色，因爲深色的地板會造成你心理上的沉重感。典型的春天型的人通常都很會料理家事，因爲任何不清新或有些皺巴巴的東西都會讓你不舒服，因此通常所謂淺色地板容易顯出灰塵的說法，對你而言是最不以爲意的。你家裡其他部分若能鋪上地毯對你是最好的。你的生活裡一定要有花，如果擺飾上沒有，就務必擺多一些室內植物，並且羊齒類植物特別適合你，而且你對園藝十分在行。

夏天

夏天型的人最喜歡的是柔和的Ｓ型曲線細緻布料，最好帶點光澤，並具有古典風味。

如果你必須住在一個天花板非常低的地方，無論用什麼顏色，你都絕不會覺得十分舒適。大理石柱和耀目的曲形樓梯對你特別適宜。這也許有些不切實際，但你最有興趣

這個雅緻房間的冷色調是純粹的夏天風格，雖然帶皺摺的窗簾及米色地毯的暖色調乃屬春天式。

的仍是在當代房子中，找一棟比較注意各部分比例，並且天芯板比較高的房子。在地板方面，你也許會欣賞毫無瑕疵的木條鑲花地板，也許再加上一條細緻的中國式地毯。如果你鋪設地毯，品質一定要好，很柔軟。你也會喜歡印染品，但樣式要很細膩，帶些印象派風味，也許是潑灑在布料上的盛開花朵，而不是春天的花苞。帶有緞面細膩色澤的畫作很能吸引你。

平靜和秩序是你家裡的基調。你是古典主義者，你會很喜歡待在一間帶有拿許(NASH)或亞當(ADAM)設計風格，並環繞著高雅古物的房子裡。你很喜歡將上好的木料，如緞木、紫檀木、桃花心木等最適合你的木料擦得亮亮的，並且像薛來頓(Sherton)式家具這類的繁複手工很吸引你。你喜愛雅緻的彎型設計，並且由於你的觸感極爲靈敏，極重視布料的質地，因此純絲、緞子或上好的蕾絲都極適合你。

像春天型的人一樣，你也很喜歡花，但較之盆栽植物，你可能比較喜歡一瓶玫瑰，或

一大束帶有甜美夏日香味的花朵。你也很欣賞上好磁器,因此也會喜歡帶有花朵圖案的。西班牙式房屋,以及線條優雅流暢、色澤雅緻的磁像,正是為你而設計的。

你的晚宴都屬於高雅型。你比春天型的人來得正式,但並非小題大作或刻意炫耀,而是你具有極強的母性本能,要為來訪的賓客提供最好的招待,並且你會不厭其煩地處理每一項細節。你的餐桌上很可能鋪著上好的蕾絲桌巾,

曲線雅緻的玻璃器皿,並且若預算許可,還會有銀器。若預算不許可時,也會把上好而雅緻的鋼製餐具擦得閃亮亮的。此外,餐桌中心還會有一盆插得很美麗的花。你最理想的中國磁器是淡粉紅色或藍色,飾著銀邊或花朵。你喜歡橢圓形甚於圓形。

你的廚房,像春天型的一樣,可能是薄板櫃加上許多的閃著緞面光澤的不鏽鋼廚具,帶有曲狀邊飾,並且你十分喜歡環形的早餐吧台。

—— 秋天 ——

秋天型的人一定要覺得四周環繞著豐富堅實的感覺。質料最好是帶顆粒狀或紡成圖

案，要不就是帶些趣味，如亞麻、生絲，或斜紋軟呢，甚於把花樣印在平滑的布面上。如果你的牆壁上了漆，也許最適合你的是無光澤的漆，你也會在上面加些工，作成壁紙花樣，或是作些特別處理，添些趣味。（秋天型的人較不喜歡的一個例子是，如果你在英國租房子住，會注意到有的房東喜歡把牆壁鋪上帶有木蘭漆的木片壁紙。）如果你喜歡貼壁紙，最好不要選用太平滑的，但我並非在建議使用棉質壁紙，但也許可考慮使用類似粗麻質地的壁紙。因爲閃亮的壁紙對你沒有支持力，除非你帶有強烈的冬天附屬影響力。這個季節的線條開始轉方，並且秋天型的人對於陳列小裝飾品來製造雜亂並不感興趣，但會喜歡好的Caop di Monte或任何的銅器，而且秋天型的人並不特別需要一種空間感。事實上，就我的經驗來說，秋天型的人對於其他人可能視爲雜亂的情形，通常都不太在意；而且你松鼠般的本能會使你收藏每一件東西，使你的房間滿是書報雜誌，以及極佔空間，卻是你無法割捨的家具。「健忘的教授」比較上可能是屬於秋天型的，因爲他太沉溺於知識的探尋，以致無暇注意到房間的外觀。

你的房間擺設和夏天型的比較起來，事實上幾近原始。你喜愛裸露磚石的粗糙美感，或木質的溫暖感，也喜歡掛上羊毛掛毯或帶有民族風味的手工製品。你的起居室比大多數人都需要壁爐，但不是夏天型或春天型所喜愛的那種雅緻的亞當式，而是紅磚或石頭造的壁爐架，或帶有維多利亞設計風格的堅實橡木式，甚至還可能採用大理石或鐵製品，但要够古老，能呈現出溫暖的古味。你喜愛古物，幾近崇拜，因此找到一所爲人忽略的維多利亞時代或愛德華時代的房子，並翻修回復其原來特，更是你的一大樂事。

寫作本書的時候，秋天風格的室內設計正以「紐約商店」的感覺，將轉換過的各類建築復原，更顯別緻，開放式房屋的屋樑露在外面，門和地板是長條木片，還有古式的磚瓦。石頭鋪成的地板很吸引你，你也很喜歡中東地毯。這類裝潢唯有在以堅實石頭造成，堅實穩固的建築裡才會有效果，並無法溶入現代風格中。如果你的生活環境屬於後者，也許可用堅實質地的家具，並在壁爐附近擺些柔軟的沙發和舒適的大型扶手椅來加以彌補。雖然你也欣賞內建式廚櫃的效果，但在美感上卻不會特別喜歡這類設

計，反而寧選擇移動的家具。

你的餐桌，像春天型的一樣，可能不會擺上餐巾。你的餐桌是堅實的，要不就是真正的古物，要不就是具有現代款式的堅實柚木，上面擺著餐墊。只要是堅實的木類，並且顏色不要太淡，你都會很喜歡，並且你不太欣賞現代所流行的淡黃色松木。至於餐桌中心的花飾，對你最理想的是乾燥花，地衣或苔類，並且你很喜歡南美洲或墨西哥式厚重的玻璃器皿。你的餐桌也帶有目前所盛行（且和中國磁器一樣昂貴，甚至更貴）的那種陶磁類樸質設計風格，你可能是四種類型中唯一會喜歡銅製餐具的，但你可能寧可選用堅實的銀器，雖然其色澤是冷色調的，但卻十分有重量。晚餐後，你大多會把客人帶回到壁爐前享用咖啡，暢談到深夜。

無須贅言的是，你的理想廚房應備有堅實的柚木廚櫃，並有大量的銅器，如鍋、碗等，並且地板或是石造、或是紅磚或木板。陶瓦類可說極適合你。

───────────── 冬天 ─────────────

冬天型的人需要一種空間感，以及一塵不亂的視野。你喜愛非常閃亮的表面，像鉻或玻璃（鏡面）及簡潔的線條、銳利的角度，並且盡可能最少。你喜歡金屬，甚或非常突出的東西，更甚於木類，並且你很喜歡皮椅。你仍然寧選傳統式高亮度的畫作，與不會反光的牆壁形成對比。有種壁紙對你來說再適合不過，這壁紙在1970年代極為盛行，那是一種在閃亮的鋁箔紙上印出圖案的設計，就我所知極為昂貴，且極難應用。

你可能會欣賞這種設計，並知道少量使用會更有效果。對比效果是你的裝潢基調，就像冬天時的景色一樣，毫無色彩可言，有時只有純白的雪色，使得偶爾冒出的冬青樹或知更鳥顯得極醒目，因此你的理想環境會呼應這同一理念。

你並不特別喜歡花樣，寧選穩重的顏色，但也能接受鮮明的條紋或幾何形圖案。

1980年代所流行的那種高聳式設計可說將冬天型的特色表露無遺；白色牆壁，灰色或黑色地毯，白色磁磚或大理石地板，再加上大量的無光澤黑色或深紅色。雖然在這同時，毛皮類亦開始突顯，皮製家具極其風行，展示毛皮的大型商店四處林立。雖然你不會直覺地喜歡表面粗糙的木類，廚櫃桌椅等寧選中國式的漆或鑲上玻璃，但你也會喜歡流行的黑色　木，這點是相當合理的。你的戲劇本能永遠會使你將每件事物擺得

這個幾乎沒有任何色彩
的房間，其藝術擺設及
氣氛正是純粹的冬天
型。

恰如其分，達到其最佳效果。你喜愛Lalique，永遠會將它完美地呈現出來。

在招待客人時，如果你的大餐桌表面不是大塊的玻璃，就可能鋪著耀目白色桌巾，並
且一塵不染，有大量的空間供所有賓客舒適地進餐。你的桌上不太可能會有華麗的擺
飾，但卻會將食物以戲劇性的手法呈現出來，如此擺飾得極美的一整塊鮭魚、皇冠狀
的羊排、極具美感的沙拉，就像色彩盤一樣悅目。磁器、餐具及玻璃杯等，永遠都帶
著流線型，反映出當代的完美設計（且經常十分精巧）。

你的理想廚房是融合太空站和實驗室的設計。亮黑色或白色的薄板門，白色的磁磚，
並且每件物品都盡可能用閃閃發光的不鏽鋼製成。

──── 找出共同點 ────

兩個不同季節的人生活在一起時，附屬影響力就成了創造理想協調的要素。我們先來
討論一些例子。

深色頭髮並帶著冬天附屬影響力的春天型，和一位頭髮是蜜金色，帶有春天附屬影響
力的秋天型女子結了婚；他們兩位的眼睛都是藍色。就色彩而言，他們的共同點可能

比明顯可見的還要多。如果他們能妥協的話，整個房子都可在較濃的春天色彩上取得協調。

先生最好不要堅持一定要用他在大拍賣籃子裡找到的特價壁紙，除非是Colefax and Fowler, Harrods或Lberty的拍賣，因爲他的秋天型妻子不會欣賞這種特價品。在她看來，他們幾個星期後就會忘記價格，但卻可能必須和一件廉價而發黏的東西相處好幾年。她是寧可沒有，也不要一件連鎖店的不合格品。在她這部分，她應大方地在厚重的質料上作些妥協，不要堅持亞麻布，因爲她的先生對亞麻布的觀感一向就是：「需要整燙」，使他覺得很麻煩。春天型的人很需要清新鮮明的感受。這兩種人有許多共同點：溫暖，喜歡天然的塗裝表面和木類。他們也很可能都喜歡藍色，

並且那位妻子的春天附屬影響力也很可能會使得她較諸典型的秋天型更喜歡明亮。

如果他們的生活方式允許的話，每個房間都可布置成一個季節或另一個，並採用春秋邊緣的色系，在整體上就能正確表現出這對夫婦的組合。因此，如果你們都是在家外面工作，而丈夫喜歡掌廚的話，廚房就可採用輕快明亮的春天色系，而妻子的個性則可表現在秋天型的餐室上，這樣她就能做個完美的女主人。至於多少都屬兩人均分的臥房和起居室，其主要影響力則視個人的態度和誠實的溝通來決定，但可供選擇的色彩仍極廣泛，這些色彩應都是溫暖的，並皆屬於春秋邊緣的色系。由於這兩個人都有大量的春天影響力，比較輕快的色系，加上大量溫暖的藍色，效果就會很好，並且他們兩人各自的色系都無須表現得太明顯。

也許更有挑戰性的例子是：芳醇的秋天型男子（帶有夏天的附屬影響力）和一位不帶任何附屬影響力的冬天型女子結了婚。兩人都是淡黑髮，但她的髮色較深一些，並且先生的眼睛是藍色，太太是棕色。他們有些什麼共同點呢？先生喜歡溫暖的顏色，太太卻寧選冷色調。不過他們都同樣是享樂主義者，都會避開廉價粗俗的東西，並且其個性都同樣深沉強烈，因此都會喜歡環繞在深沉強烈的色彩裡。

帶有強烈夏天附屬影響力的先生，在秋天的色彩盤上是屬於較冷色的一端，因此不會堅持採用大量的激烈色彩，並也能和邊緣的綠藍色共存。

在翡翠綠和孔雀藍之間的邊緣色系，在這兩種季節上都包含著許許多多不同深淺的色

調。他們兩人也可能都喜歡紫色。那位太太會選擇白色牆壁，但這卻會使先生緊張。但只要太太不要再加上黑地毯並到處加上許多鉻金屬及玻璃，先生就可在牆壁掛上許多圖畫，可能的話，再加上光亮美麗的淡色　木或橡木地板，就可緩和白色所帶來的衝擊。紅色可作為主色，因為秋天型和冬天型都對紅色的力量有反應。只要場地不雜亂，又沒有突兀感，這兩個人只要用些巧思並正確的態度，就應該可以達到完美的和諧境界。

比巧思更重要的是溝通。當一對夫婦決定重新裝潢的時候，有多少人會一開始就坐下來一起討論的呢？就我的經驗來說，極少。但在任何一方接近商店之前，皆應先釐定主題，並最好寫下來。假設你已回答過第一單元裡的問答，大略知道自己屬於哪個季節了，就彼此詢問以下的問題：

1. 你希望這房間的主要顏色是什麼？

2. 次要顏色呢？

3. 你希望重點擺在哪裡？有花樣的壁紙、窗簾、或沙發？還是不要花樣，而用不同的質地表現重點。

4. 這個房間需要安靜的氣氛呢？還是激勵人的氣氛？

5. 你對這房間內的主要活動持何種態度？是覺得很辛苦，還是很有趣（廚房及書房正是不同的人可能會有不同態度的兩個例子）？

專業設計師都會先在這類的問卷分析上用了許多時間，再選擇顏色或油漆。你不太會看到這類人徘徊在油漆店裡，「找看看有什麼」。現代的油漆已可正確調配出你所希望的顏色，並且壁紙及布料也有許多樣式可供選擇，因此事先就想好自己要的是什麼可說有益而無害，否則選起顏色樣式來可真夠瞧的。毫無精神地到各處商店尋找靈感，不但令人沮喪，而且也不太可能為你造出理想的房間。

在下一章裡，我們要探討的是，在房子各個部分所選擇的色彩，會有何不同的含意。但也許你可以複習一下第八章，這樣的話，假設說，如果你的伴侶堅持臥房裡用綠色當主色，而你卻討厭綠色時，你就可以知道，對方並非太難相處，而只不過是在表達一種對平衡的需要。為什麼呢？問題在哪裡？在這戰爭的底下可能潛藏著某種問題，

有需要道到台面上討論一番。究竟你為什麼討厭綠色？你們兩人有沒有可能用土耳其玉的綠色加以妥協？你會很驚訝地發現，經過這樣的分析後，你們兩個都會表露出一些什麼來。

並也要記住，要點在於平衡。最有效，有最具支持力的色系，是帶有平衡的波長的。你可能覺得你希望整個房間都是粉紅色的，但就如先前解釋過的，那樣就是完全肉體的感覺，並且用得太多，只會使身體感覺虛弱。若沒有諸如藍色或綠色等波長較短的色彩加以調和，就不會有正面的效果。舉例說，如果你希望房間裡主要色彩是春天型的粉紅色（就我的經驗來說，春天型的婦女幾乎都不約而同地會被粉紅卧房的想法所吸引）可選擇桃紅色，使得房間的色系裡添些黃顏色的色調，然後

或綠色加以襯托，並且花卉圖樣的窗簾上也有些綠葉和藍花，底色用同一桃色調，和牆壁呼應。但如果你的伴侶是秋天型，請勿要求對方適應灰色地毯，無論房子裡哪一處都一樣。秋天型的人可說極少與灰色調有真正的關聯。

兒童房

兒童房又如何呢？至目前為止，我們討論的都只限於成人如何以成熟的辯論來協調差異，但兒童的房間若色彩不對，卻較無法指出哪裡不對，而且兒童可能比成人還敏感。由於童稚的眼睛都是先辨認明亮的主要顏色，因此應該讓兒童處在這樣的色彩之中。我們經常見到深具愛心的父母把嬰兒房漆上輕快明亮的色彩，甚至比房子其他部分的色彩都明亮許多，然後再想不透為什麼小孩過於好動，或無法安寢。傳統上以淡且柔和的色調作成新生兒的衣裳，並且女嬰用粉紅色，男嬰用藍色，並不令人意外（如果顏色要用來強調性別的話，嚴格說來，應該「男孩用紅色」，但這顏色對新生兒來說又太強烈了）。

兒童就像成人一樣，都需要在輕鬆及激勵之間取得平衡。在拿玩具給他們玩，幫助他們辨認色彩時，使用鮮艷的色彩是很好，但當他們要入眠時，就需要一種柔和安適的色彩。

第十章
黃色臥房嗎？

我有一位經營旅館的朋友有天打電話給我，邀我週末去那邊小住一番。「除了很久沒看到你之外，我這裡有間臥房也出了點問題，需要你來指教一下。」

我抵達後，她招待我喝茶，同時告訴我說：他們那間旅館因為靠近海邊，又裝修得很漂亮，經常有許多會議在這裡召開，而他們在政策上，則會提供會議召集人一次免費住宿，供其親身體驗並評估該旅館的服務品質等。他們有個房間偶爾會用來作這樣的招待，但只要是住在這房間的人，都顯得很會找麻煩，而且除非會議召集人住到這房間了，否則都會在這裡舉行會議，以致旅館的全部員工開始覺得這房間有些詭異起來。

「這房間似乎很不吉祥。」我的朋友說。

我心裡笑了起來。

「這房間是不是黃色的？」我問道。

從那間臥房看出去並沒有海景可供觀賞，而是一個中庭，因此並不像其他房間那樣明亮。因此我這位頗具經驗的設計師朋友感到有需要加強光線，便選用了一種極吸引人的淺黃色壁紙，而且效果也美極了，但不幸的是，她同時也選用了黃色為底的花卉床單和窗簾作為搭配。她遵行了室內設計的一切規則，室內擺設也具有極佳的品質，只不過她卻忽略了色彩於心理上所會造成的影響。

我告訴她說，住在這房間的客人所以會顯得很難伺候，原因其實很簡單，因為他們晚上不得安眠！黃色是激勵性的顏色，而且，正如第二章所述，這顏色與情感有關。它會攪動我們的情感，而且，就算帶來的是正面的影響，也不容易使人入眠，而到了早上，如果你像大部分人一樣，正好喜歡賴床，懶洋洋地開始一天生活的人，黃色於情感上又帶著太多的要求意味。如果明智地使用一點黃色，可能於早上有助於人的清醒，但在這裡卻顯得不平衡，無論在使用量或在色彩本身的色調上皆然。

這間黃色臥房既美麗又高雅，但下面這間同樣高雅的粉紅色臥房卻能讓人睡得更安穩。然而這兩個房間於心理上卻都同樣不甚平衡，如果能在黃色房間加點藍色，在粉紅色房間加點綠色，就會有很好的效果了。

這間浴室反映的是芳醇的秋天型，其色彩乃屬於秋天色彩盤上較冷的一端，而線條則屬於夏天型。（深色的小木椅則屬純粹的秋天型。）

我建議我的朋友維持原有的窗簾和擺設,但將壁紙換掉,改用一種柔和溫暖的藍色,好與花卉圖案上的一個色彩相呼應。正如我解釋過的,並沒有必要除去全部的黃色,而且用一點黃色能鼓舞房客,使他們在早上醒來時感到生氣盎然。

而藍色和黃色的組合,只要選對了色調,就能在心理上呈現出絕佳的平衡感。

同樣的規則也適用於家居布置,但在這方面的考慮則更屬重要,因爲我們在家裡的臥房並非作短期逗留。因此如果你喜歡黃色,又決意將臥房漆成黃色,那就請你務必用柔淡一些的色調,或是用一種較乳白色濃不了多少的輕柔黃色(乳白色是在白色上加上大約5-10%的黃色),或是只用少量來搭配令人感到安心的藍色或輕柔的淡紫色或紫色等,以取得平衡。

在考慮臥房的最佳顏色時,必須問自己若干個問題。我們已談過共用房間的問題了,但如果你有自己的房間,便可以將它任意布置成自己希望的樣子,並且就我的經驗來說,這樣做很是有益健康。要考慮一下你對自己臥房所持的態度爲何,又如何使用臥房的。想想看,這是你的避風港,讓你在需要避難所時供你隱居之用呢,還是你只是進去睡覺,待到第二天早上起來穿衣爲止?也許你是那種在臥室辦公、認爲大型的雙人床正適合許多文件物品暫時擺放之用?你的臥房是否有台電視,有張椅子讓你坐著看書,且就某些方面而言,是起居室的延伸?你是一個人住呢,或與他人同住?若與他人同住,寓友或家人進到你房間時你感受如何?是覺得自己的隱私被侵犯了,還是歡迎每個人到訪?你會不會在裡面聽音樂?

你很容易入眠或經常失眠?你早上會賴床,起來後會覺得懶洋洋的嗎?如果是這樣的話,顯然你應該檢查一下你的飲食和生活方式,但可以更簡單地,改變你臥房裡的色彩,而且這樣做確實會有些幫助。

我已說過,粉紅色帶有會使人於生理上感到放鬆的特性,值得一再提醒的是,加上一點粉紅色調,基本上都會比濃厚的粉紅色來得更使人感到安適。因此,舉例說,粉紅色使人感到安撫攪擾不安的心神,強烈的紫藍色等則會促進心智活動。

因此我們建議,臥房的主要影響力務必採用一種強度較低的色調,而附屬影響力則採用一種帶有激勵意味的色調,使你在一天開始感到清新愉悅。此外若採用具有亮度或

彩度的色彩，也就是加上大量的白色，會使人在心理上感到膨脹，而加上黑色的灰暗色調，則促使人在情感上退縮（並有助於你專注在自己身上）。

一般而言，傳統所謂，明亮的色彩會退後，而暗沉的色彩會前進是十分有道理的，而且若在房間格局不正或空間狹促的情況下，更要謹記此點。如果你用一種很明亮、波長很短的色彩來漆牆壁，就會使它顯得退後好幾步，而最能造成這種距離感的是淺藍色。

淺藍色或淺綠色永遠都是臥房裡的安全色彩，因為這兩種顏色都帶有寧靜清新的氣氛，但許多人當然都希望臥房的色彩能鼓勵並支持性活動的進行，這時若採用具有肉體意味的色調，如粉紅、紅色、橘色等，效果都會很好，但用時要謹慎，以免造成壓迫感。人們常認為黑色是一種很性感的顏色，又用了一大筆錢購買黑色緞料的床單，或在臥室擺設裡加上許多黑色。黑色的複雜性質會使房間帶些頹廢色彩，但卻不太會加強性的聯合，除非其中一人或兩人都是極烈的冬天型。記得在第八章我說過，黑色是完全吸收，是沉重而具有壓迫性的色彩。它在視覺上，不會使個性溫暖者的膚色顯得更美，而且不論何種季節的人，若長期住在一間以黑色為主的房間內，都會逐漸感到壓迫感，並始終覺得懶洋洋的，這離性感可差得遠了。總而言之，我不會建議你們這麼做。

浴室

如果你希望浴室能與臥房搭配，最有效的方法就是將這兩者併在一起考慮。（曾有一對要我為他們建議色彩的夫婦，真的將臥室與浴室之間的牆壁打通。但那浴室的顏色卻與他們臥房的顏色不搭配，而且極難取得協調。我承認當時我認為這樣併在一起似乎很難處理。）這兩個房間皆有許多相同的心理因素，最明顯的是親密和隱私的必要。

如果浴室是共用的，就有另一個問題：這是屋子裡惟一的浴室嗎？會不會有那個時段會有爭相使用的問題？如果是的話，就可考慮加上一些強烈而帶有激勵意味的色彩，如紅、黃、橘或明亮的綠色等，使每個人行動加快，減少徘徊其中的時間。使用紅色時，可能有些太誇張了，但事實上卻能加快時間流逝的感覺。

這間美麗的藍色餐廳會使前來用餐的賓客印象深刻。

……但這間餐室裡的溫暖金黃色調卻能使每個人都心曠神怡。

這間溫暖的廚房似乎飄散著烤麵包的香味！這裡的色彩恰足以提起胃口，創造出歡樂氣氛。

第十一章

想想食物

你在開始重新裝修廚房前，要像裝修臥房或浴室一樣，先問問自己這些問題：你對食物有何觀感？你喜歡烹調嗎？或你（像我一樣）把準備晚餐視為責任，但有時在閒暇時，又沒什麼特別理由，卻很有興味地作出頗具巧思的菜色來？

食物心理學是非常複雜的，且深入及你的童年、你的家庭、你對營養的概念、並你覺得自己接受及必須付出的品質為何。

有許多精神病學皆致力於研究進食失調之問題。神經性食慾減退及易餓病皆是極為複雜的病情，且就我的經驗來說，極少與食物本身的物理特性有關。拒絕餵養自己的身體是一種極大的病症。拒絕別人所煮的食物則強烈表示拒絕該人及該人於情感上所提供給你之一切。我們都熟知有些焦慮的父母想說服頑抗的小孩「吃完青菜」，卻往往沒有察覺，孩童時期的問題和痛苦傷害若沒有適當解決，這同一幕也會在其成人的世界一再上演。

同樣的，東方的神秘主義者亦相信，廚師的情感亦會投射於食物中。如果烹煮的時候懷著愛心且心胸開放，態度和靄，嚐起來就分外美味。你可曾注意到，你為你生命中有些人煮的食物永遠都不會出錯，而在另一方面，有些人只要一出現在你的餐桌上，似乎就帶來不祥？舉例而言，如果你正滿懷被壓抑的憤恨之意，把湯汁燒焦就不是什麼令人驚訝的事，而懷著卑劣情結時也很可能使你做出較諸平常水準為低的菜餚。深入分析你的態度也是一樣，你真的覺得自己是個好廚師，還是你需要一切的幫助呢？我並非在宣稱色彩心理學可以治療一切問題，然而這些症狀卻都可能因為廚房裡所使用的顏色而更形惡化，或得到改善。

儘管有如此述，但可能很有幫助的一件事是，要注意食物和進餐本身基本上都是生理上的，因此對其最有支持力的色彩是波長較長的紅色系，如紅色、橘色、桃紅色等。如果廚師感到饑餓了，做出來的食物也可能會比較好吃。在第八章裡我們談到橘色和饑餓感的關係，因此用正確的橘色調並加以適當平衡，很顯然地對廚師及進餐的每個人都能造成鼓勵效果。

但要注意：廚房裡不可避免的都會帶有燥熱，因此使用紅色時要很謹慎，要加以適當的平衡。我並不建議在家裡的廚房使用藍色來對抗燥熱感，因為藍色會壓抑生理上的饑餓感，並可能澆熄廚師做出美好菜餚的渴望。此外，如果你的廚房很大，每個人都會聚在那裡時，藍色也不是特別歡樂的顏色。要使氣氛冷靜，綠色的效果要好多了。黃色也是廚房裡的理想顏色，因為能鼓勵創造力、樂觀，並使環境明亮起來。

餐廳

廚房和餐廳的氣氛顯然具有許多相似之處，因為兩者的焦點都在食物及進食，然而餐廳的氣氛最好輕鬆些、休閒些，且最好不要使用黃色，因為激動情感對消化並不特別好。雖然藍色一般而言並非屬於生理顏色，但用在餐廳裡卻可能帶來撫慰效果，對於患有慢性心絞痛或胃酸過多的人更是特別有益。我不會建議營業用的餐廳使用藍色，但在自己家裡，你可以依照家庭成員的需要來搭配色彩，並用比較屬於生理顏色的附屬色來平衡藍色，以免其他人或來賓受到太多抑制。

如果你經常接待來賓，就應採用一種能鼓勵活潑交談的色系，但是不能太超過。

就像廚房一樣，紅色系及橘色系向來都很有效。而且如困你的餐廳很通風，或中央空調系統十分有效（在這種情況下，往往很難將晚宴氣氛弄得熱絡），使用這些色系效果更佳。

過去一天中家人共處交談的時間大都在晚餐桌上，但這些時日以來，隨著生活步調加快，母親較不擔任家庭中饋的角色，這樣共處的情形已沒有那麼頻繁發生了，而且各個年代的人都傾向於安排自己的晚餐，且往往就坐在無所不在的電視機前面進食。因此，花點時間和精神來使餐廳和用餐時間盡可能對全家人具有吸引力，是相當值得的。享用一頓輕鬆美味的菜餚後，一天的緊張就會神奇地消散無踪了。

如果將靠墊改成具有平衡作用的色彩，如桃紅、橘色、乳白色或粉紅色，這房間裡的藍色就會在心理上帶來更好的效果了。此外，清涼而優雅的藍色也與秋天型的壁爐及鏡框顯得十分不協調。

黃色的走進會使每個抵達這前門的人感到一種溫暖、明亮並受歡迎的感覺。

第十二章
漂亮的起居室

要説任何顏色都適合用在起居室或一般作息區，事實上一點都不爲過，因爲家裡這一部分的形態可説各有千秋。不久以前，有錢人的大宅邸裡各個房間一向都有不同的用途，或爲音樂室，或爲圖書室、晨間室、婦女房不等；至於窮人，也許整個屋子裡只有一個房間，對於室內設計也沒有那麼講究。直到二十世紀，房子才蓋得比較小，比較有彈性，卻未必意味著貧窮，並且室內設計也開始繁複多變起來了。

若你把起居室本質上視爲歡迎訪客的地方，希望這個房間大半時間都能激起活潑有趣的談話，強烈的黃顏色會有很好的效果。但要注意，若未充分注意到色調的平衡，這裡就不會是個很好的休憩區。

也許你家裡的這一部分是個溫馨的隱蔽處所，讓你在緊張漫長的一天後，可以在這裡翹起腳窩在椅子裡。這樣的話，柔和的藍色或綠色都會很有幫助。

如果你的婚姻正處於艱難的階段，或者和家裡某個成員的關係陷入了緊張狀態－－這是大多數人經常都會踫到的，那麼，溫馨寧謐的粉紅色或柔和的藍色，對這種情況特別有幫助。在可能發生衝突的地區，使用紅色要特別謹慎。

如果你習慣在起居室沉思，就務必在這裡加點紫色，以鼓勵你專注在自己身上，並將你的心思帶往更高的層次。（正確的黃色及紫色搭配起來，可以形成絶佳的平衡。）橘色於蓮花椅靠墊及其他有助沉思的用品上，皆屬深受歡迎的選擇，但我承認，除了因Hare Krishna運動及Rajneesh跟隨者於使用橘色時，覺得與太陽（黃色）及生命力（紅色）具有象徵性的聯想外，我並不明白其原因。印度最有權勢的聖人Sri Sathya Baba自己穿的是橘色或紅色的外袍，但他的跟隨者卻不穿這些顏色。我經由可靠消息得知，這原因其實很簡單：他在年輕時，穿的是傳統的白色，就像他的跟隨者目前所穿的一樣。他改變顏色的原因是，他只有五呎四吋高，隨著他的信徒於全世界增長到百千萬人後，人們變得很難在廣大的群衆中辨認出他來，而那些負責照顧他的人則很擔心經常看不見他，因此建議他穿上可見度最高的色彩。正如我們知道的，橘色是外

向的顏色，而且我不會建議用這顏色來支持靈性或精神沉思的活動。

許多人都知道，幾乎任何活動都可能在起居室內進行，從舒適地剝豆子到外面下著傾盆大雨時在裡面修理摩托車等，都有可能。（但我不會建議採用能支持這些活動的色彩。）

你的聖牛真的那麼神聖嗎？

起居室往往也是室內設計上最富有挑戰性的一環。通常廚房和臥房裡的基本配備皆已定位，只需再加張餐桌或床即可使用，但起居室則需花費更多心力。通常沒有人能夠把時間拿捏得剛剛好，使整個房間同時徹底重新裝潢過。我們通常沒有機會將空無一物的房間與以裝潢、配置地毯和家具等。通常我們搬到新居時，皆已耗盡囊中所有錢財，來購買這最好的房子了，隨後又有一大堆印花稅、搬家費、法務費等要負擔。

即使你有預算將房子重新裝修、改建、裝潢了，也很可能早已買了家具，目前仍可以使用，而且你負擔不起或捨不得將之丟棄。有時候你買的房子還包括了上好品質的地毯，可能加上窗簾，而且丟棄這些還可能觸犯刑責。後來等你換得起地毯時，家具卻仍可使用好幾年，或窗簾仍很耐用。這些時間總是無法拿捏得很準。

人們最常拿來徵詢我意見的問題就包括了這種危機。似乎總有些「聖牛」是不容忽視的，或是地毯，或是一張昂貴的沙發，甚或是一張傳了好幾代的桌子等。現有的地毯可能是棕色的，但新來的三件式家具卻是藍色的，以致形成不平衡的色彩組合，因為這兩種顏色都是嚴肅且可能都屬內向而抑制性的色彩；另一方面，窗簾及沙發可能都帶有活潑的圖案。

我的建議一向是：首先，重新檢查一下所謂的「聖牛」，看究竟有多麼神聖？無論地毯的品質多好，如果色彩很強烈，且對你具有負面影響，就不值得在這張地毯上建立一個家，並因此不可避免的受到負面影響。如果你預算不足，無法將地毯換新，不妨考慮除掉地毯，將地板髹漆一番，投資一些不昂貴的小片地毯，或其他任何方式，都要比讓一條地毯硬生生影響你的生活方式和個性來得好多了。

如果問題是出在椅子上，就可考慮重新換過椅面，或用比較廉價的代替法，蓋上布料等。而且你也許還可以找到一些色澤不錯的小片毯子或地毯來放在上面。

一旦從側面觀察過問題，並徹底考慮過這「聖牛」是否真的很神聖後，就能够找出方法解決色彩問題了。這方法也許不盡完美，卻能於短期內改善情況，並可同時朝向理想目標進行。令人高興的是，地毯的顏色通常不會很強烈，卻是比較中性色調，因此總可以找出方法使房間取得合諧，並降低對地毯的注意力。

通常，這又是一種平衡上的問題。房間內色彩取得平衡後，都會使人耳目一新。

舉例來說，以棕色地毯和藍色家具為例，牆壁就可做成黃土，並用一些明亮色系的靠墊與這黃色相呼應，如此一來，於氣氛的提升並平衡上，就會造成很大的效果，因為這時室內的黃色就比棕色或藍色來得多了。如果問題只在於地毯，可使窗簾的顏色絕大部分是支持你的顏色，但帶有一些地毯的色調。在質料上，極少100%符合其季節色彩組合的，但只要花樣上有70～80%的顏色屬於你的季節，你就會因此受到正面的支持。

最後要記住我在第四章所指出的，桃紅色、土耳其玉色及乳白色等色彩，皆屬於各季節的邊緣色彩，可考慮用來連接不同的色系。

如果有間房間不須用來當作臥室，通常將之作為第二起居室是很理想的。美國人常認為，每個家庭皆應有間「私室」。在英國，我們往往稱之為「書房」。如果家中有人是在家裡工作，這書房就可以充分布置成辦公室的樣子，否則就可以僅當作另一間房，也許放張桌子、沙發床，也許再加上電視，讓每個需要一點隱私的家庭成員可以進去使用。如果要在這房間內處理一些公文，或閱讀書籍，或做作業，最好的顏色可能是中度到深度的藍色，因為這顏色是內向的，能使心智寧靜，並鼓勵思考和平靜的沉思。

另一個富有桃戰色彩的是走道。這裡若使用黃色是再適合不過了，尤其在一般狹窄黑暗的走道上更是如此。陽光的概念會使得每一個抵達前門的人受到溫暖、明亮的歡迎，並在視覺上創造出較大空間的幻覺。

第四單元
工作時的四季色彩

第十三章
方行理論

幾年以前，我擔任過短期的職業顧問，經常覺得人們對工作所持的態度很是有趣。

工作本身，一向不被認爲很重要，而只是賺錢的工具而已（直到現在仍是如此）。

儘管現實生活上，工作往往是我們全部生活的驅動力，就時間而論，也佔去我們清醒時的大半時分，且我們的社會也據此決定對我們的觀察。以前在男性主義至上的年代，我所見到的大部分年輕女性，特別是上流社會的年輕女性，別人對她的期望是「嫁得好」，且都只有這樣一成不變的選擇：

「妳想進入秘書學校或是家事專校？」

通常，只是成績達到〝甲等〞並不就代表她們能進入大學就讀，而她們的失望也很可理解。當然有許多女性的確進入了大學，但這通常並不被視爲平常之事。

反觀年輕的男性，一般皆認爲他們多少都應該跟隨父母的腳步，醫師父親配醫師兒子、建築師父親配各類設計師兒子，演員兒子往戲院發展，金融人員的兒子則自動前往都市。

通常人們皆認爲這是一種遺傳下來的基因特質，但我卻認爲未必如此，且毋寧説是習慣調教的結果。舉例説，如果你成長的環境中，父母皆以戲劇謀生，他們的朋友也都是戲劇權威，你就不可避免的會自己從這環境中吸收許多東西，因此等你申請加入戲劇學院或參與試演時，自然已經知道在那情況下會有何要求，並且也感到十分自在了。

由於這同樣的接近機會，也使得大部分的人都與自己同一行業的人結婚，因此家中的談話通常都圍繞著父母的職業打轉：醫藥家庭傾向談論醫療事務，作家則可能爭論文章結構。這樣的耳濡目染之下，會造成深遠的影響，且孩子若想抵抗這股流，非得具有堅強的意志力。相反地，真正具有才能的藝術家或演員，若出生於會計師、探礦員、警員或教師的家中，就不免會遇到一連串的反對。

「你爲什麼不能找份適當的工作？」

我甚至還認識一位不知名的女演員（現在仍是明星，在當地的業餘馬戲團表演），在徵詢其父親能否報名戲劇學院就讀時，其父親回答道：

「我老是懷疑妳是不是帶著餐廳小妹的腦筋！我建議妳想點比較嚴肅的事情。」

我的另一個顧客則一向希望成爲教師，但她母親婚前所受的教育及工作就是教師，且痛恨這一行，因此執坳地反對她的決定。

在選擇職業的標準上，常令人感到困惑，因爲都沒有考慮到人格特質、基本需要，以及各人的興趣（這是能力及成功的驅動力）。一般人都認爲，決定職業最好的方法就是簡單地以金錢、時間、地位及工作機會來衡量。這些因素顯然多多少少都有關聯，但真正重要的因素，如工作內容、天生的才能、滿足感、個人發展，以及更有益處的真實貢獻等，卻往往被忽略了。

使問題更複雜的是，這社會往往進而單單以其工作，將人分別類，定出價值。我們認識新朋友時，最常問的第一句話常是「在哪裡高就？」而後可能就如下述，依我們對該行業的僵硬認知，將其人摒除於外，以致失去了機會，沒有認識到一個真正饒富趣味的人。

「我是會計師。」（〝乏善可陳〞）

「我是理髮師。」（〝沒有大腦〞）

「我是交通警察。」（〝法西斯主義者〞）

「我是掃街的。」（〝我沒興趣〞）

「我是醫師。」（〝認爲他是神〞）

「我是影片導演。」（〝擺弄姿勢的人〞）

「我是政治家。」（〝她在說謊〞）

「我是房地產經紀人。」（〝不可信任〞）

在這種廣爲流傳的態度下，要期望任何人於生命中最令人困惑的領域內作出正確的選擇，都是不切實際的。我們在青春期時，對於周遭環境以外的世界，可說所知甚少，對於可供選擇的許多機會亦不了解其含意，甚或其存在。許多人都有這種強烈的負面

認知:「我不知道自己以後要做什麼,只知道自己不想做什麼。」

我們帶著壓力和不安全感,並深切體察到,時日已到,該是面對這龐大而野蠻的世界,並自給自足的時候了,因此我們選擇了顯然最具有吸引力,或最沒有恐懼的選擇。一開始就找對職業的人可說極爲幸運。結果是,大部分的人都在錯誤的職業裡待了一二十年或更久的時間來學習那一門。

然後我們在四十開外的時候有了危機,即全世界皆甚普遍承認的所謂「中年危機」,而且隨著我們越來越早體察到自己的生活不對勁,這危機發生的時機也有越來越早的趨勢。這時勇敢的人就會作出可怕的決定來加以改變,但多數人還是寧可將其精力用來調適目前所擁有的一切。

能在自己工作上找到樂趣的人是很令人賞心悅目的。他們極少觀望時鐘,幾乎察覺不到時間的存在。他們深富幽默感和奉獻精神,並非只在應付責任。他們或許不令全世界狂熱起來,卻極擅長自己的工作,且在他們生活中大部分領域裡通常都很成功快樂。若對這種人加以詢問,通常會發現他們的職業都是無業中發現的,純屬幸運。該職業要不就是他們一向就很想從事的工作,其他的事都沒有興趣,且自小時候還不了解其中含意時就如此了,要不就是在成熟後,全然改變方向後所得的結果。

直到最近,各項工作都以申請人的資格及填寫工作履歷表的能力,並面試時的表現,來評斷之。毫無疑問的,令人印象深刻的資格和訓練都會有所助益,然而於決定長期成功上,訓練卻次於天生的才能,而且最成功的往往是自學得來的。我在加州的教師有一天就諷刺地說:「除了腦部外科手術醫師可能例外以外,我必須說我並不完全贊成訓練。」

當時我很感震驚,也不了解她的要點是什麼,但現在回想起來才明白到,因爲訓練往往包括機械式的背誦或觀察別人做事的方式,其前提乃在你自己的方式不會比較好。但在ICI公司目前所聘雇員工中,六名最多產的發明家中,有五名都從未進入過大學就讀。如果你碰巧是個天才,卻尚未發現此事,可能即順從於一位才能不如你的教師的廣博經驗,以致損害到你自己的進步和了解。教師(或任何人)或擁有三十年經驗,或只擁有一年經驗,卻重覆三十年,這兩者是不同的。

越來越多人體認到，除了正式的資格外，還須要有別的東西，且其才能也未必就是各項工作的最好資格。我知道不止一間大學正在質疑何爲眞正的才能，又是否可加以定義分析。人事主管已在採用新方法來決定申請人究竟是怎樣的人，又如何用對人。心理測試及筆跡學，甚至占星學等這類技術，在工商各界皆已廣爲採用。

如果你花些時間想想自己究竟是怎麼樣的人，並找出自己的優缺點，再去選擇可行的職業，就更有可能找出自己擅長的領域，並獲致成功，且在適性測驗會得到高分，整個流程也會進行得更順暢。相反地，你也可能已經在職業上安定下來，且並不十分快樂，卻無法指出哪裡不對。如果這一章能幫助你看出問題所在，你就可以做些調整，而無須作太大的改變。

─────── **爲你的才能找出最好的出路** ───────

從我在第二單元所寫的看來，顯然在四種人格特質裡皆有無數的排列組合，造成我們每個人都有獨特的個性。

也因此並無法很簡單地列出職業一覽表，讓各個季節的人選用。你的才能皆是你所擁有的獨特才能，也只有你才最知道如何善加運用這才能。但正如我們已經說過的，你也很可能尚未察覺，或只是不十分確定，因此來複習一下各季節原型的特性對你會有些幫助。

你所選用的色彩、你的顏色取向，以及其所反映的人格特質，都會使你在某個領域裡閃閃發光的這個理念，聽起來似乎有些牽強，但事實上，選用色彩及顏色取向皆能使我們清楚看出一個人的基本天性，且與你的職業有相當大的關聯。

我們再來想一想各季節的原型，且讓我提醒你們還有各附屬季節的影響力。此外也要記得，還有主觀判斷的危險，都是很容易掉進去的。比方說，將某事描成寒冷時，可能帶有負面的觀感，但若你於日正當中時分陷在沙漠裡，寒冷的含意卻可能是世界上最富吸引力的事了。因此我要用的形容詞本身並不含任何批判，卻只是相對的描述而已。

在工作場所上，也要了解到另一件重要的事：雖然一個人的典型特質可能是他生活中的主要因素，但我們每個人由於一切特性上都帶有完美的平衡，就如我們個人的色彩

盤上都帶有光譜上每個顏色一樣。比方說，冬天型的主管通常都以其才智及邏輯來下決定，但這並非意味他沒有感情，而春天型一貫關心他人的態度，也並不表示他就沒有清楚而富邏輯的思考力。我們所描述的一切特性都完全是相對的，因此請勿妄下斷語。

───────── 春天型 ─────────

春天時分的郊外，可見到光線、陽光及溫暖的氣息於經過漫長黑暗的數個月後，再度回復到大地了。春天時分萬物復甦、充滿新的開始、具有高度精力、且十分振奮。春天型的人基本上都是外向的，你可能相當害羞，以爲自己很內向，但其實並非如此，因爲你永遠都是由外引動型的。你對外界環境及其他人皆有很迅速的反應，只不過有時候這反應是害羞而退縮。你具有極大的魅力，你也喜歡受人歡迎。

你最擅長的領域之一是旅館業、休閒業及旅遊業。春天型的人極擅長製造熱鬧的氣氛，使你所到之處成爲焦點所在。你會使氣氛變得輕鬆，並且你本身就充滿趣味。若是帶有強烈的夏天附屬影響力，這種趣味可能安靜地潛藏數年之久，但卻不會失去。你的笑聲輕快而富感染力，我從未遇過任何春天型的人沒有幽默感的。

這點在當空中交通管制員集體罷工，而你正好有150個觀光客要照顧，或早上八點時旅館的熱水器正好壞了時，對你會非常有用。你真誠地關心顧客或來賓的福祉，而他們也都知道這點。你天生就很喜歡海洋和海邊景色。事實上，因爲這原因，從事與海洋相關的工作也可能會吸引你（但不是擔任潛艇人員，因爲春天型的人通常都有密室恐懼症的傾向。）

製造熱鬧的能力顯然在任何與促銷產品或服務有關的機構裡都非常管用，如業務、行銷或廣告等。你很機智，天生擅於溝通及獨立思考。你不太會用不適當的「如何」或「爲什麼」等問題等讓自己煩惱，而且若事情進太慢，無論原因多麼合理，都會使你不高興，因爲耐心不是你特有的性質。你極富熱心，能使事情迅速辦妥，而且你會很熱心地將你公司或顧客或產品的成就告訴全世界。你喜歡出外四處走動，不喜歡被綁住。

我曾認識過一個紙盒式春天型的上好秘書女士，她爽朗的個性並令人嘆爲觀止的效率

大半來自她冬天的附屬影響力，但她春天型慈愛溫暖的一面卻使每個人感到她迷人的魅力，使她能不帶侵犯地幫助其老闆不受意外的打擾。她可以忍受極坦率的言語，因爲她天生就能以和緩的態度講述事情，且能隨時保持笑容。

正如我在第二單元所述，你天生帶有一種關懷的態度，因此你極適合擔任護士，並且你所帶有的正面態度也會使人感到病情好多了。

另一個可供你考慮的領域是與孩童有關的任何工作。你天生就喜愛兒童，且終身不變，永遠有足夠的精力照料孩童所需的一切。你本能的知道要如何接近孩童，也絕不會犯下常見的錯誤，在言詞上將孩童比下去。育幼院、兒童導師或教師（任何年齡）都是極適合你考慮的好領域。

如果你決定擔任教師，不要錯過教導體育的可能性。你可能很喜歡運動，且十分喜歡戶外活動，而且你很擅長激發熱心，幫助那些寒冷的十二月中不想出外玩耍的學校兒童。

任何重覆性的工作、單獨工作、非常安靜的氣氛、沒有彈性的例行公事、嚴格的截稿期限等，在春天型的人眼中，都足以扼殺其熱忱之光。你需要人們就像需要空氣一樣，你需要富有彈性以及肉眼可見的實物。你是團隊中的好隊員。經營旅館可能很適合你，只要你能待在外面前方，且該旅館經營得很成功，絕不會太安靜。

在戲劇或影片方面，你特別善長喜劇、音樂劇或其他。春天型作爲長青藝人的典型例子是黛咪茱迪丹屈(Dame Judi Dench)，她是英國戲院最偉大的女演員之一。

當她因爲於劇院演出經典之作受到讚許推崇時，她在電視的喜劇節目上也有令人激賞的演出，且因此成爲家喻户曉的人物。

春天型是天生的舞者，而且也可能會唱歌。在1950年代復甦時期，全世界都從第二次世界大戰的儉樸生活及憂鬱中甦醒時，各處都散發著一股樂觀及新契機的精神。全世界都想要慶祝。這點特別反映在好萊鄔當代的音樂劇上，當時的明星，諸如桃樂絲黛、雪莉瓊斯及珍寶兒等春天型的人物皆名躁一時，正如春天型的珍吉羅傑在1930年代的情形一樣。（據傳後者曾於她的腳已流血時，對冬天型的佛雷亞斯坦一絲不苟的完美要求深表氣憤不耐，但他們兩人的組合卻造成了多麼美好的效果啊！）

最後，每個公司的接待區最好都應該由春天型的人的任職其中，因為他們對每位來訪的客人皆深感興趣，而且始終都會帶著微笑，樂意助人。

────────── 夏天型 ──────────

在許多方面，你的需要及才能都與春天型的人恰恰相反，雖然你們都擁有同樣的細緻及明亮感。你最喜歡將混亂的事物整理得井井有條，不但很樂意這樣做，而且最好能不受打擾地進行。你很溫和，很有感知力，雖然你基本上屬於內向，而且任何事物若太過誇張都會使你感到不舒服。

你是天生調解糾紛的人物，具有極強的母性本能，因此很適合在人事部門任職。

發生糾紛的時候，夏天型的人最知道要如何調理問題，進行仲裁，你對漫長的程序，諸如商務談判等，皆具有無限的耐心。你的才幹頗適合擔任國際外交事宜，你內在的平衡感也會因處理會計或簿記之類的工作而得到支持。法律是另一個能滿足此一需要的領域，而且你很率直。

如果你擔任醫師，會發現你天生就具有一種溫和的母性及冷靜評估事實的能力，使你能為病患提供最好的治療，而且不會感情用事。你會保持冷靜，但你的敏感也會因受到抑制而帶來無窮的幫助。顯然在照養方面你也很擅長，並且也可以以用很安靜很有效率地擔任行政主管的方式，來經營一間醫院。

你天生就很重視品質，特別注重藝術、音樂、古物或書本的品質。這個領域的各方面，如藝術家、藝品經銷人員、圖書館管理員或出版商等，皆很適合你。你確然擁有音樂才能，而且是天生的保守黨。

雖然你對喧鬧場所中的騷嚷感到有些壓力，也不像春天型的人那樣，會樂在其中，但你卻能將之關在外面，並在自己特有的領域內創造秩序與和平。我年輕時，我們的旅館裡有位女經理就是個寶石。我們家庭買下那間旅館時，她已在那旅館裡經營了好些年，而我的父母幸運而明智地察覺到，把她留下來是個好主意。

她外表安靜而害羞，對例行公事一絲不苟。當時許多人都覺得她並沒擁有旅館業所須的才氣，且應該予以解雇。但我母親銳利地說：「我可以使秩序井井有條，我們前面也不缺人手，我們缺的只是有個可靠的人在幕後處理事情。這位女士知道她在做什麼

事，我們需要她。」

一個月後過新年時，就證明她是對的了。當時前一晚舉行了舞會，每個人都狂歡到零晨四點才就寢，因此大家對第二天早晨都不甚期待。當時整個旅館都住滿了，雖然那位女經理對於前一夜的狂歡覺得有些震驚，但卻如常地於六點半到勤，處理好每位房客的帳單，平靜地執行著一切必要事項。

這位女士處理例行工作時那種一絲不苟的態度可說分秒不差，別人對這點往往相當反感，但她真是個寶物。我們的帳冊永遠保持平衡，存貨盤點永遠正確，每個人都知道物品所在之處，而且她也絕對忠誠。她是典型的夏天型，有著灰色頭髮和極藍的眼睛，背脊挺直，笑容溫和，而且在處理員工問題上自有其一套不錯的方法。旅館業的壓力頗大，擅於處理大眾關係的人都很容易動怒，因此經常可見到兩個這樣的人衝進她的辦公室說：「這樣不行！我無法和她一起工作了。不是她走就是我走！」

她則沉著地帶著甜甜的笑容說：「我知道了，但現在我很忙，你們何不先去自己協調好由哪個人離開，哪個人留下後，再來告訴我。」說完後，此後她就極少再聽到這件事了。

會讓你真正沮喪的是要把你推到聚光燈下，希望你運用沉重銷售技巧，而其經營方式全然有待商榷的老闆（雖然你仍會效忠於他，也絕不會出差錯，但卻不會感到快樂），或是那種粗野而毫不敏感的老闆。正如前面提過的，你實際上很怯懦，因此你可能不會長久待在這種消極的環境中，但你會覺得這情況很難處理。

花卉業也是另一種極適合你的職業，因為你喜愛花草，而且是天生的藝術家。

諷刺的是，擔任演員的這個主意你最好不要加以忽略。有些極為成功的演員往往都極害羞，且因這點深以為苦，而在舞台上或影片中扮演另一個人則給了你機會去保護真正的自己，而且你也能夠將自己的私生活充分隱藏在聚光燈之外。我認為我們最好的演員之一的艾力吉尼斯公爵，想必就屬於夏天型，因為他呈現出了典型的夏天性格。你也可以活躍於幕後，擔任服裝道具、化妝或技術人員。

———————————— 秋天型 ————————————

秋天型喜歡探索。各種型式的科學研究或調查皆會吸引你，你也會是絕佳的警察人

員，只要把你那叛逆的傾向收斂一些，因為你天生就不是十分遵從規則的人。

你在警察單位工作時，只要看到任何被欺壓或不公平的事，都會本能地挺身而出，會使你能夠與軍隊中必要的絕對服從保持協調狀態。當你了解到為什麼要遵守那些規定後，就會很樂意服從了。

我在第一章裡提過，你若擔任律師，可能會在客觀性方面有些問題。事實上在這領域中，你的理想工作是在訴訟案件或刑事案件中，擔任事務律師或法務主管，收集一切可靠的證據，將案件確立後，再交給冬天型的律師，讓他用其才幹，才絕對客觀的角度來加以分析過濾，再以其精確而戲劇的手法呈現出來。

在醫藥領域方面，你擅長的是精神分析、心理學或精神病學，但幾乎有關醫藥的每一方面都很適合你，因為你對調查具有無窮的興趣，而且熱愛人們。即使你不在醫藥界工作，而且你的職業與醫藥沒多大關係時，你大概也不會錯過附屬醫藥方面的事，而且還可能知之甚詳。事實上，整個的新時代都吸引著你，你可能會心存懷疑，並加以查考，但你卻不太可能只因為某個概念不是你現在所能理解的，就錯誤地將其草草了結，而不去探討其可能性。

你天生很喜歡動物。秋天型的人是極好的獸醫。事實上你自己也比較屬於鄉下型而非城市型。你也許可以住在城裡工作，但你卻永遠都渴望鄉間生活，因此英國有許多週末用的鄉間小屋，其屋主大半都是秋天型的城裡人。

任何能讓你從事挖掘工作的事，無論是象徵意味的研究人員或警察，或從事實際挖掘工作的礦工或考古學家或什麼探險家等，都會很適合你。你也能掘起於古物交易的世界。

像春天型的人一樣，你也是由外引動型的人，但你更容易在工作上迷失自己，或忘了他人的存在。因此你會比春天型的人更適合單獨工作，但等工作完成後，你就會比大部分的人更需要將這件事告訴全世界，因此你應該知道把工作帶回家會有何危險，而且會無法停止。在情感上，你有對事情太過投入的傾向，但你仍屬於偉大的改革派。籌募基金和慈善工作都能使你那無法抽離的本性得到妥善的運用。當生命救援日的基金降到不足一半時，看電視的人有哪個能忘記秋天型的鮑伯傑多，充滿感情的呼籲我

們支持呢？也惟有秋天型的人能像他一樣，想出這樣的主意並付諸實行，且最後獲得可觀的成果。泰利華岡和蘇庫克都是秋天型的，他們顯然都很擅長於說服我們每年掏出數百萬元，去救濟貧苦的孩童。從以斯帖藍森的兒童陣線，雷尼享利的漫畫、蘇菲亞羅倫為聯合國所作，毫無倦息的慈善工作，到聖母泰瑞莎在貧苦的印度所作的非凡的自我犧牲等等，秋天型的人為了改造世界所作的貢獻可說罄竹難書。

秋天型的人有的是取之不竭的精力，但必須作有效的運用，才能避免掉麻煩。比方說，若要期待秋天型的女人關在家裡工作，照顧自己的房子和家庭，而沒有什麼特別的嗜好，就是不切實際的幻想。秋天型的女性大半都會在家外頭工作，而且很擅長應付外界的各樣需求。

你可能會被戲劇或影片所吸引，看到影片在二十世紀所作的改變是很有趣的事。

早些年時，約在1960年代初，應用的是「明星制度」，特別在好萊鄔更是如此。

影片界繞著大型的製片商轉，而片商則與演員簽下合約，通常是七年。在這七年中，那位演員都不須要在任何會影響其演藝職業的決定上提供意見，只需要將分派給自己的任何角色演好就行了。片商在選取演員時，找的是具有「明星特質」的人，然後再將之塑造成明星。他們會照料明星生活的一切瑣碎細節，必要時還會為他們支付美容牙科或美容外科的費用。那時的明星形象都是全方位的，而片商則有無數具有強大勢力的公關人員來保護之。

這種制度基本上對於實用的冬天型要比秋天型的人來得管用，因此這些早期年代時的明星有許多都是冬天型的，如克拉克蓋博、葛利葛萊畢克，勞伯泰勒、約翰韋恩、瓊克羅馥、瑪琳迪許、海地拉摩爾、費雯麗金等都是。當然，其中也不乏其他季節的人物，如秋天型的凱撒琳赫本和貝蒂戴維斯，夏天型的葛蕾塔賈波及賈利古柏，春天型的凱蘿隆巴及金吉羅傑等，但在人數上則遠沒有冬天型的人來得多。

後來，演員開始比較強烈的表達出他們自己的個人特質了，且開始出現了所謂的表演法，演員都必須多加思索角色後面的動機，並且重心也逐漸轉移了。演員開始表達出他們有需要參與整個流程、發揮其創造力，而且由演員來製作或編導影片也不再那麼不可思議了。這正使得秋天型的溫暖及情感得其所歸，並且在最後這三十年左右，整

位於倫敦的第四頻道大樓是由理羅傑所設計的，極適合冬天型，因爲充滿理想、極端現代，且極爲都市化。

個影片工業幾乎都是由秋天型的演員一手包辦了，從達斯汀霍夫曼、凱文柯斯納、羅賓威廉、肯尼伯拉納、勞伯瑞福、克林伊斯威特、梅莉史翠普（帶有極強的夏天附屬影響力）、珍芳達、葛林科羅斯、芭芭拉史翠珊，貝蒂米德勒等皆是。

之所以離題講到這些，是在提醒你，秋天型的人對質感比款式還更爲重視。你的形象必須要能反映真實。你在基本上很嫌惡受到拘束的感覺，無論是生理上或心理上都一樣，而且你需要表達自己。如果你決定在戲劇界或影視界求發展，會發現不止表演，而且其中的整個流程對你都極具吸引力，且具有極大價值。

你那種不按牌理出牌的質詢法會使你成爲很成功的記者，或諷刺作家，或可能是卡通畫家。你也具有極強的想像力，因此創作性的寫作也很適合你。

你的外向個性會使你在業務及行銷方面獲致成功，但你必須首先要能相信該產品。你不會喜歡照著固定的模式來推銷產品。如果你相信一件產品，工作起來就會比最好的推銷講話來得更有效率，但如果你並不相信那樣產品，最好就是忘了這件事，因爲那時你是絕對達不到目標的。

───────────── 冬天型 ─────────────

冬天型的優點在於你十分能幹，決不會錯失組織裡的任何目標。你天生極具有效率，腦筋很清楚，很有邏輯感。你內在的戲劇感在任何方面都是無價的，無論是藝術、表演或促銷都一樣。

我記得有個事件正足以描述出冬天型的工作觀：當時我正參觀一所很成功宴席公司，恰巧有位健康安全的檢查人員也來巡視。

他對老闆説：「你的休息區不够好。」那老闆是一位極傑出又具有藝術氣息的人，和他的員工以高效率和專心一致的工作，創造出了驚人的生產量。

那老闆顯得很困惑地説：「什麼？我可不是付錢請人來這裡休息，卻是付錢請他們來工作的。」他十分嚴肅，但在你覺得他真是一位冷血而剝削員工的老闆前，要知道他自己努力工作的程度要比他任何三位員工加起來都多，而且他的員工對他也都很效忠。

冬天型的人永遠都會準時出現，不守時的人會讓你生氣，而且你總無了解人們對時間

的態度為什麼這麼漫不經心。

你很有本事把事情看得很深入，使你能縱覽全局，並很有效率地分派工作。你向來都能達成絕佳的平衡，並能看清大局，且不會偏離目標。因此無論你是否樂在其中，你皆能把事情做得很好，並且能集中全部心力工作，

而且你極能自制。如果你處在下屬地位，你對你的權利及其他人所在進行的事都不會很熱衷，只是進行自己的工作。然而你卻會在一開始即將你的工作條件確立得一清二楚。你對於別人怎麼想你並不特別感到興趣，因為你為自己所定的目標要比任何人為你定的都要來得高。

會吸引你並能善用你才能的領域有：金融機構、銀行、證券商、商品交易等，會使你銳利的計算能力充分得到發展；政治界，可能會使你較傾向右派而非左派；任何工業機構的主管人員；時裝界；影藝界，通常是實驗劇的前衛派，諸如冬天型的史蒂夫伯格等；公共關係；建築界；任一種設計，如服裝設計、室內設計、織品設計、產品設計或圖案設計不等。如果你決定往醫藥界發展，你的最佳領域是外科，你操控手術刀的準確度絕不作第二人想。

在時裝界上，你天生的戲劇性格會在模特兒行業造成極大的成功，並且你也不會在意這一行的負面影響，如無聊和毫無個性的與人及攝影機交涉等。你會很喜愛這一行，因為你可以悄然漫步或目中無人地走在觀眾的眼界之上，讓他們仰望你；在這方面，沒有人做得比冬天型的人好。

正如我在秋天型那部分簡短提過的，如果你走入法律界，最適合你的領域是當律師。你也會不可避免的成為法官（這點是毫無疑問的！）並且你的客觀性會使你和整個司法體系表現出很好的成績。你在發出判決時，不會覺得有必要加上你自己的意見，因此我們不會在報上讀到報導說，有某位可疑的法官感覺遲頓，且沒有和「真實世界」接觸。（在我看來，法官在工作時，每分鐘都似乎看著「真實世界」呈現在他們眼前。）

你的環境對你而言很重要。可能會有很大比例的冬天型的人在諸如Lloyds前衛派大樓，或倫敦第四頻道的新大樓裡工作。這兩棟大樓都是理查羅傑所設計的，深富理想且反

映出未來的理念。你在本能上會受到它們吸引。基本上你是都市型的人，即使你在鄉下長大（就像許多冬天型的東方人一樣），你也是深諳世故，而且永遠會受到都市的吸引。

在廣義的社會工作上來說，有一點頗值得一提：你可能很擅長於此，卻不會特別喜歡這工作。讓我舉個例子：幾年以前，有四個女性，包括我自己，在一起工作。其中兩位是秋天型，一位是春天型，第四位則是冬天型。工作進行得很艱苦，後來另一位秋天型的女性哭了起來。

令我們驚異的是，堤防崩潰了，她顯得既激動、恐懼、憤怒而痛苦。我注意到春天型的那位女士眼睛充滿了淚水，我自己也覺得喉嚨裡梗著一塊什麼。我們兩人都沒說什麼話，只是手足無措的站在一旁，而冬天型的那位女士則不露痕跡地走向前去，輕輕碰觸了這位沮喪同事的手臂，講了些正如其份的話幫助她恢復過來。要不是她在那裡，事情就很可能在我們好意的同情心下，使我們三個人整天都捲入這種毫無積極效果的情緒中。

雖然你能將自己抽離出不必要的情感，但若須整天處在那樣的環境中，你也會覺得筋疲力盡，就像社會工作人員、護士，以及其他在前線負責照顧的人所不可避免的一樣。個人的責任是你的優先項目，你也會讓屬下及同事擁有自己的空間及機會去為他們自己負責。雖然你很專斷，但因為你是個大人物，不會陷入不足取的嫉妒或不必要的競爭裡。你樂於見到自己的隊員中有人成功，而當你分派工作時，你也無須釘著別人的肩膀看他們工作，這是因為你能給別人自由把事情辦好，也假設他們都會做到，但若事實結果相反時，你就會顯得很嚴厲。

以上這一切中，最重要的是要知道，也許你的能力比你所知道的還多，並且要知道有哪些因素確然是與你的本質相反。你的附屬影響力會給你帶來相當大的影響，但有些事物卻是基本的。春天型的人無法承擔重覆性質的工作、無法獨自工作、也無法在密閉的地方工作；夏天型的人會在聚光燈下退縮；秋天型的人痛恨受到限制，或被小事矇混過去；冬天型的人只要觀點正確，一切都能接受，但在任何一種污穢的企業或地方則無法發揮所長。

第十四章
工作環境

在選擇工作地方的色彩時，也有同樣錯綜的問題要提出來：有四種類型的人要在一起工作時，哪些顏色才能支持他們每個人？

答案有兩個要點。第二章所強調的重點並這整本書內一再強調的，在在都指出，一種具有全球吸引力的特質，能立即辨認出來的，並且不會受制於才智、調養或主觀性所影響的，就是正確的顏色。因此，以一種季節的色彩來設計工作環境，加以適當的平衡，並完全忠於自己，就會創造出和諧的氣氛，使每個人都有所反應。

在決定使用哪一個季節時，我們就碰到了另一個要點；在室內設計上，成功運用色彩的關鍵因素乃在於其心理層面的含意。此一理念將在商業設計那一部分作進一步的探討，但其重點則在於以色彩來強調於任何環境中運作之人物。舉例說，一個在會議室裡的人，其心理模式就會與這同一人在臥室裡的心理模式完全不同。

因此科學實驗室通常都裝潢成診所一樣的白色，並布置成冬天型，這點可以鼓勵研究科學成功所必須的客觀性及推理。另一方面，每個人也都本能地知道，販賣婦女貼身衣物的專櫃，最好採用粉紅、藍、灰等柔和的夏天色調來加以裝潢，才能達到最好的效果。

當然這些描述都過於簡化了，事實上在同一領域內的工作環境就有無數種變異，而實務上則通常以決策過程中最資深的人來決定使用何種色系。這樣做可能很適當，也可能不適當，但只要我們知道要找的是什麼，這種簡單而顯然非科學的方法，卻能告訴我們許多有關這公司，以及其基本的哲學究竟為何，甚至比我們經常知道的還多。要點就在於，參與決策的最資深人員顯然都是位高權重，對於決定該公司性質的各項因素都具有舉足輕重的影響，因此他們所選用的顏色就會講出對這公司能有些什麼期望。老闆的態度也會充斥在整個公司內部，並且只要看看工作場所的顏色，就可以清楚看出其態度為何了。因此，在你決定加入他們之前，是很值得花些時間好好看一看的。

這使我想起兩個例子：倫敦有間非常大的會計事務所花了一大筆錢將這公司的形象推

這間辦公室裡用了太多具有壓迫感的灰色，雖然椅子是綠色的，也不足以提升氣氛。

如果你在抵達這間令人印象深刻的房間時，沒有感到有緊張，在裡面待了幾分鐘後，也會使你信心大減，如果加幾個淺色的靠墊，就會使氣氛明亮一些。

廣成一個關懷顧客的公司，極力強調訓練，並鼓勵年輕人進入該行業，但這卻並非該公司通常予人的印象。這公司有間大樓最近才剛重新裝修過，但其中的色系並沒有改變，只是重粉刷而已，而且幾乎是純粹的冬天型。這未必是件壞事，因為冬天型是非常具有理想，也專注於物質上的考量、效率，以及可靠。這的確可以成為一間大型會計事務所的正確選擇。

但這座大樓的問題在於，其接待區的牆壁和地板都是溫暖的大理石色調，大樓的其他部分則鋪著灰色的地毯，用來將各個空間區隔成各別工作站的鑲板是灰色的，桌子是灰色的，檔案櫃是灰色的，牆壁是白色的，整個大樓裡唯一用來紓緩這情況的是辦公椅。但由於辦公椅上的椅墊於上班時間的大部分時候都因為有人坐在上面而無法看到，以致幾乎毫不相關，但卻是一種極溫暖而活潑的秋天型蕃蕃紅。雖然在這色系中加入一些紅色是極有道理，且於平衡上也實屬必要，但卻應該使用一種冷色系的深紅

色或櫻桃紅來支持冷色系的灰色。而將整個色調弄得這樣不對了，只會抵消其他地方的冬天色調，且更強調了灰色中寒冷的負面影響力。

該棟大樓的色彩恰恰反映了該公司的態度：他們雖想向大眾呈現出溫暖友善的一面（接待區大理石的粉紅色調），實際上卻是比較中立而沒有承諾的。事實上，無論你在接近該公司時，受到怎樣熱烈的歡迎，裡面的世界卻全都是灰色的，因此，等你進到裡面後，就不會受到鼓勵去成長茁壯，反而不斷受到抑制。即使你在早上抵達辦公室時充滿熱忱和生命力，在一個完全灰色的環境下待了幾個小時後，也會讓你體內的系統感到應該盡可能退縮，以致一天結束後，你就覺得筋疲力竭了。

我認識的一位年輕會計師在初入社會時，就在這公司工作了六年，並且證實了這點。他在那裡可謂相當快樂，雖然同事的消極態度多少使他略感挫折，但因他是職位較低的受訓人員，因此並未將之看得太嚴重，只是以他的社交生活來彌補。

但後來他離開了這間公司，換到另一間比較小卻比較友善的公司，同事對他很尊重，又鼓勵他發展才能。

直到那時他才了解到以前工作的環境帶著怎樣的壓迫感。現在迅速茁壯，很快躍升到資深經理階層。他的這間新公司整個裝潢都是輕淡的桃紅色系，桌子是木製的，地毯則被他形容為「玫瑰磚」。事實上，他發現這間公司因為太過強調友善，以致損及到工作，也使他必須加倍努力。由於辦公室裡缺少波長較短的色彩，

使得他警覺到有此一可能，並且在這裡則應該加些溫暖的藍色調。

另一個例子是在英國一間知名五星級飯店的帳務辦公室，過去這辦公室一向漆成吸引人的黃色，且維護得很好，但這顏色只限於顧客站在出納的辦公桌前，可以看到的一小塊長方形區域。房間的其他部分則是狄克森式的，油漆已有多年未曾重新粉刷，幾乎無法辨認出其顏色。我不知道房間今日外觀如何，但在當時，大約三十年前吧，顯然對那位總經理而言，員工的士氣並非其主要優先事項。

一旦建立了色系，或確立所屬季節後，又要用什麼色調來搭配各類工作區呢？

辦公室

絕大多數的辦公空間都是用來從事腦部活動，以及行政事務，且可能一再重覆。

一般而言，這意味著沒有繪圖板，員工往往整天都待在裡面。

我們要來看看一些例外，看看設計師辦公室及業務員辦公室，只要一下子。

正如我在本書裡一再重覆講述的，平衡就像選擇色彩一樣重要。如果上述的例子使你打消了在辦公室內使用灰色的念頭，容我要向你保證，只要取得平衡，用對色調使它保持和諧，就會帶來很好的效果。但你必須要知道，過度使用灰色會帶來危險，會創造出消極的環境，使人想起冬眠時的大自然世界。

需要檢查的一項關鍵問題在於其業務性質為何，是否帶有壓力？還是可能會有壓迫感？一般而言，人們是怎樣進來的？房間裡會不會有許多人？辦公室裡會不會充滿了雜音，如電話不斷在響、機器運作、不可避免的互相諮詢的聲音？

如果這辦公室裡的工作講究的是正確，如會計、保險、金融、科學研究等，或你需要鼓勵他人安靜地專注在自己的工作上，適當的藍色調就是各個季節，各個時間中最好的選擇。再提醒一次，不要用得太多，因為這顏色雖然用作主色時效果會很好，但仍需要一些友善的黃色或粉紅色，或一點紅色加以點綴，才能獲致心理上的平衡感。也許乳白色牆壁加上深藍色的地毯是個不錯的作法。這時你最好在你要掛的圖畫上，或找些方法在視線上比較高的地方，配上一些藍色，以呼應地毯的顏色，就算在桌子上也可以。

這樣做的原因是，垂直面的色彩，永遠都會比水平面的色彩更具影響力，而膝蓋以下，或頭部以上數時的色彩，也會比環繞在身體四周的色彩效果來得小。影響力最強大的，是位於眼睛水平面附近的色彩。因此，你可能會喜歡有淡藍色的牆壁，灰色地毯，然後在沙發或窗簾上使用暖色調來加以平衡。

在人事部門，藍色也很有效果，但綠色可能更為好用，因為綠色更為平衡。在有關員工問題的正反兩面上，如員工招募、福利、重覆等，皆能由綠色得到支持。

然而這裡你也可以運用一些些想像力，因為這部門的工作性質要比會計部門來得多樣化一些。因此可添加些諸如桃紅色、柔和的水蜜桃色、甚或一些黃色等，皆可驅散人事部門市不必要的官僚氣氛。

業務部門的人員除了與電視銷售有關的人外，並不像其他員工那樣，長時間待在辦公

紐約 Berdorf Goodman
大樓深富理想魅力之一
瞥。

這龐大的機器及寒冷的
金屬皆因溫暖的光線及
溫和的綠色調而顯得柔
和許多。

室裡，但他們也需要正確的心理支持，而且還可能比大多數人更需要。切莫在這裡營造出沉重黑暗的氣氛：他們需要維持一種樂觀振奮的感覺，才能使他們的心智保持在正確狀態下，迎戰銷售工作上經常有的消沉感。在這種情況下，黃色可說是很明智選擇。

在設計部門，平衡感更顯得重要。這裡應該有一種樂觀、創造力的氣氛，並應該鼓勵設計師專注於最有效的方法來達成其目標，因為在設計上經常會有各種的替代方案，十分需要明晰的思考。

繪圖板的形狀及線條可能都很自然地使得工作室內的裝潢偏向於冬天型。在這種狀況下，白色牆壁是不錯的選擇，因為會增強光線，也不會在室內形成任何色彩偏差，但要謹慎，不要使得室內顯得太寒冷、太像個診所。若使用樂觀而帶有創造力的黃色也很好。一般來說，任何設計工作室都最好避免採用非常強烈的色彩，因為這工作本身，除了繪圖板以外，就已經是多彩多姿了。當然也要避免黑暗而具有壓迫感的顏色。

另一個需要考慮的因素是電腦、文字處理機及其他辦公室所使用的科技設備。雖然有些廠商已開始採用比較先進的觀點，但目前大部分設備卻都還是灰色，或石褐色。這些設備很多的時候，其本身自會形成一種特殊氣氛，因而需要藉助裝潢上的一些柔和色彩來加以平衡。記得也要考慮，這些設備處於開機狀態時是什麼樣子，是彩色的呢？還是不斷跳動的畫面？這些種種都可能造成壓力。

商店

我們將要更加深入探討一下於第四單元所提之零售區設計問題，但要先很快提一下，員工可能會有的觀點。我曾為數家商店作過色彩計畫，細節會在以後提到，就我的經驗，人們一向只注意到要用什麼最好的顏色吸引顧客上門，鼓勵顧客購買。我向人們指出，色彩必須適合顧客，但也必須適合員工，因為顧客只是偶然到訪，而員工卻必須於整個工作時段內都處於其中。但在我指出來之前，商店老闆都沒有感覺到色彩對其員工的士氣會有何重大影響。同樣的，制服的考量通常也只以顧客眼中的效果，並呈現出公司什麼形象為準，從未想過穿這制服的員工會有何感受。我們在下一章會比

較深入探討有關制服的問題。

要看出一間商店裡，員工和顧客的需要是否皆已適當列入考慮，其實並不難。就如以前一樣，只要專注在這個基本問題：

他們賣的是什麼？想想Body Shop這商店，他們那溫暖的秋天綠色，恰恰營造出了正確的氣氛，能將心智轉向大地及環境，而且清清楚楚地說出了他們的背景，並反映出該公司創辦人Anita Roddick的秋天特性。

如果你正考慮到一間商店工作，就先問問自己，在什麼樣的氣氛下你會感到被支持。

這商品本身是你欣賞的嗎？其整個訴求主要是在年輕化，因此可能員工都很年輕，還是強調年紀較長的人呢？你能適應嗎？

再者，由商品也可看出一些端倪：玩具店顯然是以年輕為取向的，每個人進到這店裡都會走到具有年輕、有趣、遊戲之心理模式上，在另一方面，古玩圖書店則是完全相反的氣氛，具有恆久之價值，而且可能相當安靜。在這兩個例子中，如果其性質強調得太超過了，你在裡面待上整天，就很可能會感到壓迫感或覺得筋疲力盡。很重要的一點是，店面氣氛要能使每一個相關人員都感受到被支持。再次，這又是平衡的問題。

在選擇店面的色彩上，有個很普遍的方法，就是採用非常中性的顏色，因為零售業主並不希望太過強調其商品。通常惟一的其他色彩是採自招牌或銷售點資訊上的顏色。我所能提供的最好建議是，如果你想在店面工作，就要到那間店面裡站一些時候（你可以假裝對其中商品具有濃厚興趣），並試著去吸收其中的氣氛。要注視店裡的色彩，看那些色彩是否營造出一種溫暖、友善，且不太刺激的氣氛？或者你在裡面待了十分鐘左右後，是否開始感到頭痛？那裡是否太沉寂枯燥，使你一想到要在裡面工作，就開始覺得有些消沉起來。這本書所能為讀者提供的最佳服務，乃在提高讀者對這些問題的認知，使你在進入任一行業或轉行時，能夠對該行業各層面有更深入之思考。

工廠

工廠地板的顏色通常都有法令管理。健康安全法規中亦已就某些顏色的定義詳加規

定，如傳統上綠色（安心）代表急救，單一黃色代表警戒、黃色加上黑色代表危險化學品等。過去常以紅色塗裝消防設備，但現在的消防法規卻日益複雜：在英國，紅色代表水性滅水劑，乳白色、綠色、藍色及黑色則分別代表滅火劑中所含的是泡沫物質、海龍物質、乾粉物質、二氧化碳物質等，且各個工商機構的安全人員也都由消防隊加以訓練，能依照火源不同，使用各類滅火劑。

現在惟一的問題是，經過這一切訓練後，又再規定滅火劑的顏色須與布魯塞爾爲歐洲聯盟國所定的顏色規定一致。

我們已經偶爾會見到有銘黃色的滅火器了，據說這顏色最後會取代黑色，不免令人有點擔心會有搞混的危險。

工廠老闆要面對的是實際考量上的挑戰、健康安全，還有許許多多法律規定要遵守，因此若他們覺得色彩心理學並不適用於他們時，也許頗值得原諒。事實上，這些老闆也許比大多數的人都能從這色彩心理學獲得最大益處，因爲商店地板的顏色基本上都是重覆的，並可能造成感到緊張，在工業方面，則充滿了可能的壓力。常有人錯誤地將牆壁漆成令人興奮的顏色，想藉此「讓這地方明亮一些」，但這並不表示有人很關心這問題並且正在力求改進，而且反而可能造成錯誤，以致完全沒有效果。

在這裡，季節的決定可能要比色調來得更重要。工廠通常佔地頗大，沒有天然光線，又有許多重型機械。無論你是選擇綠、黃、藍或紅任一色的衍生色，我都建議你在工廠使用春天色調，以使生理及心理上的氣氛都明亮起來。清爽的藍色、葉綠色、百合黃等，也許不是這類陽剛環境的第一選擇，但這些典型的春天色調所帶來的效果將會使你深感訝異。

這種增加生產力的方法要歸功於美國的Faber Birren於多年前使我震撼的一個例子：據說，當有人請他就生產力低落，因爲員工在休息室裡花了太多時間的這問題發表意見時，他當時並沒有將商店的地板換成具有支持力而正面的色系，反而推薦了一種就他所知，最具消極意義的色彩，令人嘔心的黃綠色，用在休息室裡。此後除了不可免的必要時間外，再也沒人能夠忍受進到那裡，當然也不會有人想在那裡逗留了。此一政策就測面思考來說評價頗高，但在我認爲，此外就沒有什麼可以推薦的。

年輕警官第一次執勤時，知道身上的制服本身即賦有權利，就會感到安心。

第十五章

制服

如果你的工作需要你穿著制服上班，無論是實際的制服，或只是一種衣著上的規定，都值得你記住這點，即：無論這制服穿在你身上好不好看，都可能對你有好處。舉例來說，如果你是一位第一次執勤，又沒有經驗的年輕警員，知道自己已經藉著身上所穿的衣服，而被賦予了權利，一定會讓你感到心安。警察制服以及消防人員、醫療人員、護士、皇家警衛、飛航人員等的制服，基於實際上的理由，都是非常特殊而容易辨認的。人們基本上都十分仰賴這些人，因此有必要讓他們一眼就能認出來，因此他們的制服不宜有太多變化。

從穿衣者的觀點來說，如果你已完成一項艱鉅的訓練課程，因而有權利穿上一件制服，向全世界宣告你的成就時，這制服本身就是一種榮譽，而且能提振你的心神，給你積極的鼓舞。舉例來說，傳統上校園內所穿的學位服學位帽無論色彩或樣式，通常都不適合每個人，但穿上這制服上前領受學位的畢業生卻覺得這衣服具有百萬的身價。（我注意到，無論何時參加異業典禮，畢業生在典禮結束後都不會立刻就脫下學

土耳其玉色在制服上是
個很好的顏色，嚴格說
來，它屬於春天色系，
但在協調各個不同季節
色彩盤上，卻非常管
用。當然對於Barclay銀
行來說，這顏色還有額
外的好處，因為它反映
出了該公司的色彩。

位服，反而會一整天就穿著它在校園四處走動、高高興興地擺姿勢照相。）比較古老
的學院往往以其學服、學位帽來增強其權威感。

有許多工作都不適合加入個人的人格特質。例子之一是傳統上古典音樂家都要穿上黑
色禮服，因為他們必須把自己融入於音樂的整體和諧中，而且一個色彩繽紛的交響樂
團其表現也多少沒那麼好，因為這會改變整個氣氛，不再那麼專注於音樂上頭。曾有
人試過改變顏色，但過不了多久就都一一放棄這主意，回到傳統的黑色了。當然，這
傳統也更突顯出獨唱家所穿的鮮艷色彩。如果想要突破限制，希望表演時的衣著更有
創意的音樂家能夠了解這背後的含意，相信就會比較容易接受了。

制服不必一成不變

然而，除了以上所述，制服具有自己獨有特性的特殊情形外，穿制服的人也不能完全
被忽略。理想的情況是，找些方法來使他們有選擇的餘地，這點通常可藉著讓女性選
擇褲裝或裙裝，讓其他人選擇不同款式的襯衫或領帶而達成。

制服在設計上極少有色彩方面的選擇，因為這似乎有損於制服的目的。

我所見過最有趣的一個例子是，我在加州的教師有一次受命為某間銀行的職員設計制

服。該公司及其室內設計的顏色都是相當中性的色彩，因此她並沒有受到太多限制。

在簡介時，則提到在一個市場調查的結果中，該銀行給大眾的印象是屬於友善親切型，因此就需要有波長較長的顏色，最理想是紅色。此外，該銀行亦希望保持其於大眾心目中那種權威可靠的印象，這點就要用到深藍色。我們考慮了在物理上將這些價值觀混合，亦即將紅與藍混合成紫色。因此偏紅的紫色系應該會有效。然而紫色本身卻有它自己的特殊性質，且其波長極短。

我們兩人幾乎都同時毫不考慮的就想到了這問題的答案：葡萄酒紅。葡萄酒紅，或稱酒紅色、紅寶石、紫紅色、石榴紅等等，是一種深沉的紅色，既帶有紅色的親切感，又有黑色的嚴肅及高貴感（完全不是使用黑色為對比色時的同一過程），而且這顏色有些色調極接近於各季節的邊緣。

限於經費和實際問題，並無法製作四種不同顏色，但大家皆同意，應該有一個加了些金色的暖色調，以及另一個加了些藍色的寒色調可供選擇，而這寒色調就有些接近你拿著葡萄酒迎著陽光時所看到的顏色。

這兩種色調間的差異於一般人眼中根本無法分辨，但我們發現，當那些職員來選擇時，都很確定自己喜歡的是哪一色調。當我們都知道這點正指出了他們各人的季節，但我們無須詳加討論此點，以免事情更顯複雜。我們可以確信的是，每個人的本能都能引領他走向正確的方向。此外，我們也設計了兩種色調的襯衫，乳白的象牙色配暖色調外套，寒冷的牡蠣白則配另一種色調外套。

結果其效果相當好，走進這銀行的人都沒有聽到或注意到有兩種制服，因為其職員通常不會並排站在一起，但就算他們站在一起了，因為其顏色十分接近，別人就會假定那是因為分批染色的緣故，而對於穿著制服的人來說，因這些色調不斷提供心理支持力，其所造成的效果更是十分不同凡響。

這是一個複雜的案例，你必須對自己的色彩知識相當有把握了，才能進行這一步。此外亦可採用其他方法：你可就我在第一單元中所建議，因為極平衡而幾乎任何季節都可接受的三種春天色彩，即土耳其玉色、桃紅色或乳白色（灰白色），選出一個色調；雖然後面兩種色彩太過輕淡，實際上並沒有什麼用處。或者你的公司有一個識別

顏色，可以用來加以呼應的，但基本上你公司的員工在某一點上都必須深受該顏色所吸引，因爲他們是在爲你工作。

令我難過的是，人們在選用制服上往往不經想像，亦不經實際考慮，就貿然採用了。我們一次又一次看到同樣乏味的事情，要不灰色就是海軍藍，這類冷淡而有壓迫感的色調。這類制服中唯一讓我覺得十分合適的只有天主教神父和修女所穿的黑色、灰色或海軍藍的衣服，其目的則在壓抑其天性中較屬肉慾的一面，另一方面天主教堂經常都用一種榮耀的色彩作爲崇拜，目的在鼓舞會衆；相較之下，其對比就十分有趣了。顯然其他基督教會所用的色彩也是大同小異，但在天主教方面，由於其獨身規定，這色彩卻特別有效果。

在深色的海軍藍方面，東方人絕大部分穿起來都很好看，但西方世界則僅有大約10%的居民穿著這顏色時看起來感覺真的不錯。其他人要不就是顯得臉部蒼白，要不就是顯得沒有精神。據推想，用這顏色當制服，是在鼓勵人作出嚴肅而專業的想像，但這點若用起諸如鈷藍色、鳧鳥藍、駱駝黃、棕色、酒紅色、叢林綠或茄紫色等顏色，都能達到同樣效果，且效果更是完美。

人們似乎認爲這點無關緊要，然而使大部分的工作人員感到有壓迫感，但他們打扮得死氣沉沉的，無疑就錯失了制服所提供的大好機會。如果你知道自己在做什麽，又使員工的裝扮能提升其自我形象，同時又留給顧客好印象時，就會大爲影響你公司的業務，至其程度則遠非大部分人所可察知。無可置疑的是，身上穿的衣服若能使一個人對自己有很好的感覺，其表現標準也會大爲提高，並使生產力提升，壓力下降。

如果你正考慮到一間公司任職，其制服的顏色當能使你知道一些有關該公司管理階層看待員工的方式。我發現當我聽到有人將最無聊、最死氣沉沉的制服形容爲「帥氣」時，感覺實在不舒服。當他們說：「讓他們都穿上帥氣的套裝」時，其實他們是在說：「我們不知道要讓他們穿上什麽衣服，因此做法要保守一些。只要不讓他們穿著牛仔褲來上班就可以了。」服裝規定及制服皆會清楚反映出一種基本態度，因此一開始就詳加考慮將會使你受益匪淺。

PART FIVE

第五單元
商業色彩

第十六章
老闆娘

沒天我經過倫敦，來到大象與古堡(Elepant and Castle)這重要交叉路口的圓環，這裡的購物中心幾個月來一直用支架和防水布遮掩，不讓人看到。現在我所看見的景物，讓我吃驚得差點要撞車。遮蓋物已被取走，這幢重新整修的建築物呈現在眾人的眼前。這個購物中心的整個骨架是口香糖那種鮮艷的粉紅色！圓環這幢首屈一指的大樓，一夕之間成為危害交通的怪物。購物中心裡各種商店的招牌使得這問題更加惡化，Tesco鮮紅的商標最糟糕。怎麼會弄成這樣？設計師和建築師所根據的是什麼呢？是否有人真正想過這樣就會招攬人們到購物中心來嗎？人們會認為這麼做有助於改善都市景觀嗎？

我向參與其事的人員查詢，得知下列事情：

1 通常，公共建築物的色彩並不需要事先經過同意，除非已先註明，手續。

2 「粉紅象」這案子，結果是毀譽參半。

就我所了解，其主要目標是將這幢灰褐色建築物裝修得搶眼一些。這的確夠搶眼了！我經常很訝異那些應該較懂得色彩的人竟然對色彩如此無知。每天與色彩為伍的人，諸如建築師、設計師、印刷人員、行銷主管、化妝品公司員工等，似乎都不明白色彩的魔力，也不打算花些時間研究以增進了解，或用虔敬態度正視色彩的神奇力量。他們很顯然不把色彩當一回事，而且錯誤運用色彩，毫不尊重色彩所蘊含的真理、美麗與力量，更糟的是根本把色彩貶為附帶考慮的事情；如果這是他們的想法，我實在想不透他們為什麼要從事色彩在其中扮演重要角色的行業？我要勸他們最好考慮改行。那些設計工作者一剛開始往往不把我的忠告當一回事。這些人沒有敵意，也沒有排斥。他們只會一直說：「是的，是的。我們知道。」而我覺得我是有口難言。

任何人要是看看四周公共建築物的色彩誤用，看看超市貨架、招牌、包裝、電視廣告的駭人色彩，就清楚知道這些異想天開的設計師不懂色彩。

有時候有人請我向設計師演講，演講結束後這些設計師來找我，表示他們對我所說的

事情很感興趣，真的覺得很興奮。

「真的太好了，很有啓發性！」

然後他們還是依然故我，所說的和所做的完全是兩回事。好像這與他們和他們的工作根本不相干。儘管這情形已有改進，但是要使他們對色彩有廣泛的了解，仍需很大的努力。

商業設計的色彩

商業界大量運用色彩心理學於包裝、室內裝璜、廣告及各類促銷廣告等，來影響人們不自覺的反應及購買決定。

關於這點，我們不妨來說明大衆及設計業者間對設計一事的認知差異（本書不提及時裝設計）。普通路人如果被問及「設計」一詞的定義時，往往從功能的角度來定義，而忽略美學情趣。我們談到設計的經典名作時，通常會想到Mini，Volkswagen Beetle, Bauhaus, Wranglers，以及如今Philippe Starck的作品。如果有人說某件東西設計得很好，我們經常是指這件東西很好用。

從1960年代開始，這一切都已改觀了。英國的泰倫斯康隆及美國的雷蒙羅威等人的作品開拓了設計的觀念，日用商品也加上了美學的考慮。這些前輩破除了「一般大衆買不起精美商品」及「設計師是富豪雇用的藝術家」的迷思。人們開始知道設計是商品的基本要領，專業設計師在我們生活各方面都有重要的貢獻。

在1990年代，每個廠商都有自己的產品設計部門，此時產品設計師的人數是有史以來最多的。純粹只講求功能的商品往往遭到淘汰。傳統的產品設計師及室內設計師與被稱爲「平面設計師」的專業人士結合，製作商品包裝及小册子。過去，這些事情是由商業藝術家和印刷人員來做。這是非常大的市場，而且擴展得很快速，就連設計師本身也不確定自己該定位在哪裡。設計是商業亦或學術？設計報章上常出現這類的爭論。很明確的是，每年的設計費用多達數百萬美元，而且行銷部門的設計費用和產品部門的設計費用一樣多。

公司形象

你越熟悉色彩模式與人類行爲模式之間的關聯，就越能將色彩心理學與個性的四季分

勞斯萊斯「舊式警衛」
的古典精品……

類原則應用於任一機構上。一個公司有其整體文化、基本性質、特色、公共形象,就
像每個人都具有這些要素。人們,換言之,即公司的準顧客,對公司作個人的回應,
就像他們對所遇到的任何其他事情有所回應一樣。

現在行銷人員很普遍的作法是找出賣點,這可能是一項新產品、一種包裝方式或者公
司的整體形象,或其特色。在初次簡介時,有人就會說些諸如此類的話:「如果這家
公司(包裹、產品)是一輛汽車,會是哪一種汽車?福特六和?BMW?保持捷或勞斯
萊斯?」

這些車子都各有品質之外的特性,而每個人相信了這些車子之間的差異,於是說,保
持捷的形象是年輕、時髦、拉風,勞斯萊斯是古典精品。福特六和是另一種風貌,而
BMW也有其與眾不同之處。這些認知與產品的價格無關。

商業設計的選色過程很有趣;這往往要照著上級的意思而作決定。無論有多麼進步的
專業技術,花了多少設計費,有多昂貴的電腦協助這過程,「老闆娘作主」心態仍盛
行不衰。這雖會使初出茅蘆的新手感到心灰意冷,但是我也不會忽略參與此事之資深

與保時捷的年輕形象成
對比，穩重的藍色與金
屬般的銀色強化了我們
本能的回應。

倫敦的大象與古堡購物
中心，「將這幢灰褐色
建築物裝修得搶眼一些
。」

人員的本能反應。他可能比我更了解他們自己的事業。

當有人堅持他使用的是最好的顏色時，重要的是要探究他的勢在必行態度是來自清楚的概念或起因於個人問題。常見的現象是資深主管對色彩的堅持是因爲他沒有其他具體可行的方法掌控整件事情。由於人們對色彩的看法仍是見仁見智，色彩的選擇仍可能「名正言順地」由未受設計訓練的人作主。在設計簡報上，一直有人告訴我公司色彩是老闆的意思，絕不容更改。如果該公司色彩已使用長達十年以上，那往往就是合適的；如果這色彩效果不好，大家自然而然會看出來，而且也會作修改。我的工作便是加強這些色彩的效果。主角往往有其他的配色，所以不一定要換掉主色，而是用一些色彩烘托、加強主色的效果，使它更具現代感，或任何所需的效果。

一個著稱的例子是有名的Heinz烤豆的藍色。有許多理論說明它大大成功的原因，我要加上我個人的看法：這種大眾化的藍色，這接近土耳其石般的藍色，正如我們已注意到的，是在全世界都流行的顏色。Heinz烤豆的藍色原本代表與正常「食物」顏色有所區隔，這形成人們的第一印象，而且重要的是，豆子是秋天色調，所以具有豐盛與實質的特色，這對於任何一種主食都是好信息。

我聽說這藍色是該產品的互補色，這的確是，不過我發現這樣的說法很牽強，因爲沒有人見過這兩種顏色放在一起；只有在促銷這產品時，這事實才成立，並且要能讓顧客多看罐子三十秒然後閉起眼睛，讓事後印象讓他覺得已經看到罐裡的東西。Heinz烤豆的商標相當牽就這有名的藍色，因爲黑色拱頂石圖案與白色字體烘托出藍色的溫暖與力量，使它看起來有點像玉石而且古意盎然。這個商標相當成功是不爭的事實。但是無疑地如果其它顏色能夠更協調地襯托藍色這主色，這商標將能發揮更大的力量。

任何公司色彩長期成功的關鍵在於實際產品的品質。以Heinz烤豆爲例，如果烤豆本身不好，那藍商標也無法晉身行銷史年鑑。色彩心理學，以及任何一種表現性（與功能性相反）的設計只能把商品賣出去一次。如果包裝設計或公司形象使人產生不切實的期望，該公司會因此吃盡苦頭。所以，清楚了解你的商品，然後努力展現其吸引人之處是很重要的，而不要使人產生與商品或服務不符的期望。

色彩象徵主義

如果公司色彩不能表現該公司的特色或商標,根據我的經驗,當參與其事的人改進計畫並加強對色彩心理學的了解時,便對這個事實一目了然。我不會在簡報中告訴任何人要用什麼色彩,而是告訴他們心理的暗示作用,使他們自己能夠作合理的決定。

沒有人會認為使用已久且熟悉的公司色彩應該加以改變。這類的金字招牌像是Cadbury的紫,Coca Cola的紅與白,McDonald's的紅底金黃拱形都有很好的效果,因為多年以前在某個地方,有個人,也許是公司的老闆娘,選對了呈現該公司特點的顏色,達到很好的效果。最後,加入了熟悉這個同等重要的因素。色彩心理學的名詞是一種潛意識的作用,例如,Cadbury的純紫色原本是要代表極致品質永不妥協的標準,但是這些認知早已被有意識的結盟及持續使用所取代。在大眾心目中,這特殊的紫色是巧克力的代名詞,這便是色彩象徵主義。

即使是最強有力的色彩也會被包裝上的其他色彩削弱力量。主色每次都需要加以烘托。

我知道Cadbury最成功的產品之一,讓人意想不到的,是他們的Twirl棒。這是否因對包裝上的字體是醒目的冬季黃色,使人振奮並感到樂觀,恰是Cadbury紫色的互補色?我不認為如此。最近該公司推出的另一種棒狀產品,Time Out,銷售奇佳。這次的字體是第三組的正紅色,與冬季黃色有異曲同工之妙。這兩種不同的顏色都烘托了主色,而沒有妨礙主色。

說明公司色彩有效影響大眾認知的另一實例是石油公司及其加油站。自從有汽車以來就深植心中的幾個主要事物在公共結構上有相當獨特的地位。有人請我只根據他們的公司色彩,書面分析三家大公司Texco、Shell和BP的公共形象。

這份文件描寫Texaco星形標記的尖角加上黑紅白三色,為何是第四組,冬天型,並呈現效率與技術精良,不過要小心避色紅色的負面印象,侵略,以及黑色的負面印象,威脅。這些色彩是陽剛色彩,我想汽車愛好者與機車騎士會到這裡來。

Shell標記一個多世紀以來幾乎沒有改變,其溫暖的第三組(秋天型)黃紅二色代表經得起考驗且值得信賴的傳統價值;溫暖而友善,但是在象徵進步技術及現代感方面就

鮮黃色加強了Cadbury
紫色的效果。

略爲遜色。其標誌没有較短的波紋或穩重的顏色，有點不平衡的感覺。

另一方面，可能會被認爲用了太多綠色而顯得失衡的BP，，選擇了平衡色彩，所以效果不錯。配合鮮黃色，呈現春天的色調，象徵青春、新生代、樂觀與親切友很好，可是顯得不够權威。（我没有被要求分析Esso，不過他們採用柔和的冬天型色調和圓形，所以他們代表的是友善與前進的思想）。後來有人讓我看一份重要行銷研究報告，其説法與我完全一致。

任何開車的人都同意我們都有自己喜好的石油品牌而且有時特地到他們的加油站加油。試想，一個開車的女士深夜在半路上用完汽油，她會去有强烈陽剛味且有效率但是略有威脅感的Texaco或者親切可靠的Shell？講求技術的人會去哪個加油站呢？你認爲BP使人心生敬畏或者充滿感情？我們想想所有加油站所賣的油都一樣，然而由於對這三者的認知差異所產生的迷思實在很有趣。

了解你的產品

人們問及有關包裝或公共場所室內設計的第一個問題是：「怎麼應付個人喜好的不預知因素？你永遠無法取悦所有人。」

在許多方面，商業的色彩與個人作品的表達方式相同。如果你認真了解商品特質並用

最適當的色彩，如全色系中最有烘托陪襯效果者，來呈現商品，就是讓人們有機會領悟其意，而這樣的認知使他們有安全感，促使他們願意花錢買你的東西。

事實上我是在重申我所說過的個人色調，如果你想按照「他們認為你應有的作法」來表現自我（不管「他們」是指誰），你幾乎已失去自我了。行銷者了解市場固然重要，不過了解商品本身也同樣重要，這樣才能清楚地向大眾推銷商品，而不會將其標榜為老少皆宜的萬能商品而使人不知其特性。

行銷者與設計師往往忙於將他們認為該商品應有的優點都列出來，結果傳達了一大堆與事實不符的信息，坦白說，看到這份信息的準顧客既沒時間也沒興趣嘗試、證實。例如，顧客平均花十五秒的時間來決定是否購買超市貨架上的商品。

用於改進新產品的金錢相當可觀，但是未經改進的新產品比例高達百分之八十。

這其中的原因很複雜，不過這種情形要歸因於忽略產品品質、行銷對象、呈現方式三者的關係。行銷者往往面面俱到，唯獨沒有想到改進產品。

────── 專業表現 ──────

包裝設計師往往想運用「專業表現」，卻不知道一般購物者並不會注意它。我記得幾年前我在一場大會中對在場的各大公司行銷主管演講，英國一家大型連鎖超市主管的表現讓我非常傷心。例如，他不認為洗衣粉包裝不宜使用白色和強烈的紅藍黃三原色，也不認為寵物罐頭的標籤不宜以紅色標示牛肉，以黃色標示雞肉等。

他表示：「大眾絕對看得懂顏色標示！」

沒錯，不過顏色標示卻幾乎無法詳盡說明。它只傳達了一大堆的色彩象徵，運用得當的色彩心理學的無形力量每每很快就會把這些色彩象徵推翻。

那次大會之後不久，新產品Radion洗衣粉上市後銷售成功的實例證明我的論點沒錯。乍看之下，這種新洗衣粉鮮艷菊色和藍色包裝顯得很突兀。它大膽反抗傳統的象徵主義與專業表現，以及「比白色更白」的概念。

Radion的行銷者所了解的是，他們所賣的不僅是潔白，還要賣前所未有的功效及優點。橘色是強烈、有實質感的色彩，讓人想到豐盛，而藍色使人有可靠、專業及效率的感覺。請同時記住，藍色和橘色是互補色，可以互相襯托。其所用的色調都是冬天

型色系，如波斯橘、雷法斯(Reflex)藍、一點白色和少許冬天型的檸檬綠，這樣特別的色彩組合傳達了冬天型色系領先、力量與永不妥協標準的特點。Radion並沒有求我們喜歡它，它並沒有試圖讓人對該商標產生感情，是那種藝術的表現和那些色彩所引發的不自覺期待使然，即使我們並不會特別喜歡，但它本身很討好，比以往的洗衣粉包裝更討人歡喜。

這的確奏效。Radion漸漸使老牌的Persil招架不住（其秋天型的綠色和紅色，雖然受白的底色牽制，仍呈現了傳統價值與友善的平衡，請再注意，互補色）並動搖其長久以來領先的市場佔有率。

「專業表現」迷思的另一實例是Vidal Sassoon的「洗了就走」洗髮精和潤絲精。

該公司以淡淡、明亮的水綠色作為瓶子的顏色時，每個人都認為這實在很瘋狂。

連設計師都很懷疑，很擔心這種色彩不適合用在洗髮精瓶子上。然而顧客的眼光打敗了這一切想法，該產品上市僅六個月，就躍居銷售冠軍。我認為它銷售成功是因為這不是傳統的洗髮精而是一種新產品，以採用令人耳目一新的色彩正好可以強調這項特點。同時，第一組（春天型）色系的水綠色給人輕快、活躍的感覺，完全符合廣告所要呈現的青春活潑：「何必花太多時間沐浴？」

我和一位很有才華的年輕設計師在這相同的問題上有過爭論。他要求我提供他一個顏色，該產品是低熱量的睡前飲料。這是一家老公司所推出的全新產品，其訴求點是青春、活力，以及老公司也懂得如何跟上時代。這是以「特級品」來銷售，是高價位商品。該公司色彩是濃厚的秋天型深藍色，但並沒有出現在其上一代商品的包裝上，所以為了使色彩協調，我建議使用春天型色系中的淺土耳其石藍。藍色讓人覺得很舒服，以這種淺色、活潑的春天型色系來包裝這種新產品，使人覺得溫暖親切，親到他們想要呈現的感覺。

使用春天型色系的危險是這種色彩所顯現的年輕與清新可能會造成不成熟的感覺，而且如果不當使用其他色系來陪襯，可能會讓人覺得這產品沒有價值感。

我又加上淡淡、暖暖的金黃色來強調其高級品質。

該設計師對於這樣的色彩很滿意，而且承認淺土耳其石藍的確很貼切地呈現產品特

點。然而，他認爲專業表現最爲重要，所以他沒有採納這整體的色彩，只把春天型的土耳其石藍併入他根據專業表現所選用的色彩（這稱不上是一個色系）。

他增加白色，把金黃色線條換成銀色線條，這是標示低熱量商品的傳統手法。他客户的反應是：「它看起來像是廉價、庸俗的1950年代汽車，還要鑲上金邊！」

該名設計師在傳統的用色手法與色彩心理學之間游移不定，這突顯了另一要點：如果設計師（或其他任何人）決定根據本書所述的色系組別來採用色彩心理學的色系，就要整體採用，否則就顯不出效果。若只把其中一個色系加進傳統的色彩結構中，會得到反效果，比完全遵照傳統手法更糟糕。

專業表現對於商業設計的影響，相當於時尚對於個人風格的影響。如果你認爲這是理所當然的事，那你顯然已陷入一種迷思中。如果事情不是這樣，那麼市場上每種相似商品都會呈現相同的色彩，目前顯然並非如此。但是進一步想想，如果事情是這樣，各種商標的商品就很難辨識了，因此我們最好全然捨棄包裝設計的複雜概念來促進銷售量。（這不見得是件壞事，不過在此不予討論。）

可悲的是，這相同的迷思往往成爲偷懶敷衍的藉口。我們不見得會怪設計師沒有原創力，然而，原創力最使人感到滿意並且最具影響力，但是卻使人感到洩氣。

我已觀察設計的整個過程，彷彿每個參與設計的人都很沒安全感而且互相懷疑。

客户期望設計師的設計能够合情合理（將右腦的活動轉變成左腦的文字），免得客户懷疑設計師只是在自我陶醉，這種懷疑是最要不得的。胸襟再開闊的設計師也無法客觀說設計的特性，並讓他的創意盡情發揮，因爲他要顧慮客户公司商品經理的喜好，而不是哪種設計對促銷商品最有利。不管商品經理對這設計的反應如何，他們心裡也想著他們是否能該上司接受這種設計，行銷經理知道如果這商品銷售失利，她要負起責任，她需要找好合理的脫罪藉口。行銷工作雖設了許多訓練課程和學位，這多半仍屬於私下傳授的過程，充滿無法預知的變數。老闆娘的主意和專業人士的技術一樣管用。

事實上設計師常常不知道爲何某件設計是合適的，他靠著敏銳的直覺採取行動。

某天有位好友打電話給我，他爲我是否可以爲他所使用的色彩結構（沒有問過我的意

見）作合理解釋，因爲他的客户質疑其中一個顏色。

他大聲説：「我不能只告訴她我覺得這樣很好！」

他詳細説明其特色以及他採用的顏色。我很輕易地向他解釋這件設計的構思過程，雖然這多半是憑直覺而不是藉著刻意的思考。我證實他的客户所質疑的顏色並沒有用錯。

他説：「這就是我的理由？我不錯嘛！」

我終於消除最初對工作興趣缺缺態度的原因是，我客觀地寫下我採用某種特定色彩的理由，因而大大消除我剛説過的那種不安全感。從事設計的人無論多麽專業，都沒有必要對可能影響數百英鎊生意的設計發表意見。

在早期，這對我而言是相當令人緊張的經驗，不過隨著我的閱歷增長，所作的預測回答越來越能在市場研究工作中得到證實（有時候是百分之百準確），遇到棘手情況也較不緊張了。唯一會出差錯的情況是我偏離色彩心理學的絕對原則，試著去牽就別人強烈堅持的意見，或者顧慮到專業表現、刻意要融合原有的色彩等。

很顯然每種商品都具有別人無法抄襲的特色，雖然在很不錯的新產品上市後，我們看到許多「雷同」的產品。如果能够很正確的找出那些特色，然後透過色彩傳達該商品的價值，則其成功機會必大增加。經過深思熟慮而堅信不疑的勇氣不僅讓我們在商品市場成功，也會在人生的其他方面無往不利。

第十七章
精美的包裝

我們已知道，了解產品是行銷成功的要素。然而美的包裝將影響大眾對產品的認知（這認知與產品本身有段距離），也是不爭的事實。以女性化妝品為例，經過各種客觀方法加以比較分析後，會發現到各種品牌化妝品中，較低價位的化妝品較諸最貴價位的化妝品其實都同樣有效，甚至還更有效。這種例子多得數不盡。

其實這些往往是同樣的東西，因為只有少數廠商同時在為幾家不同的公司製造化妝品。但是那些華麗昂貴的包裝依然吸引著女性，她們甚至對廉價化妝品很不放心。包裝的形狀、大小、顏色和款式對你的心理有極大的影響，能使你有出手驚人。設計師與行銷者非常清楚這一點，而且他們大多已有一套很管用的心理策略。

───── 心理狀態 ─────

我先前已提過心理狀態的概念。在廣告，行銷與促銷中，市場過去主要是由社會經濟專家來界定，他們所依據的觀念是購買決定純粹是錢的問題，而且特定職業別及收入在某一範圍內的人有許多共同點，並且會購買同一類商品，因而形成特定的行銷對象。近年來，由於各種不同的因素，這種簡單的劃分法已明顯暴露其缺點。Jung的人格類型是新興群體的分類基礎，此分類考慮到窮人與有錢人有相同的人性特徵、希望與慾求。

近一兩年更有模式分析的概念。這概念認為只要是能反映出一個人所具有的心理狀態，任何人都可能被任何一種商品吸引。例如，任何人不論貧富貴賤男女老少，他們對治療感冒的感覺是一樣的；他們同樣處在得到感冒的心理狀態下。他們可能已經感冒，或者覺得將要感冒並且想像著自己感冒的樣子。因此有太多暖色系（紅色、粉紅色等）會讓人聯想到發熱如火燄，相形之下，清爽的色彩能使人精神振奮並感到樂觀（第一組，春天型），因而更具吸引力。當一個人從藥房走到寵物店（或者在超市從一個走道走到另一走道）去買幾罐寵物食品，他們的心理狀態已不相同。他們現在想到他們的寵物，並且心中浮現他們與寵物的愉快時光。

寵物食品佔有極大的市場，無疑地，這些貓狗主人都具有某種心態，但是他們彼此間也各不相同。（如果你貓狗兼而有之，而且兩者同樣疼愛，你是愛動物的人，那又另當別論。）貓的魅力在於優美、獨立，以及牠與你親近，喜歡你時才會和你同住的那種感覺。貓較依戀住處（其他盤）而不在意屋主是誰。訓練貓簡直是不可能的事，因爲一般來說，貓並不聽命於人。我們渺小的人類會羨慕並渴望像貓一樣難以捉摸。相反地，狗會無條件地愛人類，與他們膩在一起，而且非常「死心塌地」。他們最喜歡的事是和你一起出去散步，有很大的空間可以到處跑和玩耍，最好還能和你一起在泥地上打滾；牠們永遠忠誠。狗並不在意牠們的命運（或你的命運）。

Pedigree寵物食品決定以鮮明的第四組，冬天型，紫色推出全系列Whiskas貓食時，引起了極大的迴響。這是驚人之舉，但是效果很好，因爲它掌握了貓主人的心態（你喜歡的話，也可以説是貓的特質）。他們擴大範圍，使得貨架上一大片色彩鮮明商品更加討好。這些罐頭不會被忽略。然而，設計師往往憑直覺選用某個顏色後，不明白其效果如何，因而無法以客觀標準解答不同顏色的問題，他們將所有顏色用在包裝上，以顯示不同口味，這樣往往會削弱紫色的純正力量。

包裝色彩之功效的最佳實例是Smith&Nephew的化妝品Simple（譯註：簡單之意）。產品的包裝是自然的白色加上親切感十足的土黃色標記與字體。Simple這名稱本身即涵蓋了此商品的訴求點，而且與人們開始擔憂環境污染及濫用化學藥品的心態相乎應。這是賣得很好的商品。然而，Smith&Nephew決定重新設計包裝時，把色彩改爲柔和的第二組（夏天型）綠色系，再加上灰色字體，以及冷白的底色。

結果銷售量增加了百分之二十七。該公司當然笑逐顏開。

Smith&Nephew詮譯簡單的經驗是，棕色本身並不討好，所以換成綠色包裝以後，效果佳。當然不是所有個案都如此。我要再次強調，顏色沒有好壞之分，這純粹是運用方式的問題。綠色同樣可能受到牽制而失去效果。增加魅力的方法是，不要把兩種不相干的顏色硬湊在一塊，而是要讓色彩和諧呈現；雖然原先的包裝有太多棕色，但是與其訴求點相合，如果適度保留一部分棕色，而更彰顯其效果，但是棕色如果與冷白色配在一起會適得其反，顯得沉重而沒有吸引力。

使用白色純屬習慣問題，白底非常普遍，所以我們都不知道它對其他顏色的負面影響，而且幾乎不會將顏色結構的失敗歸咎於白色。改變顏色平衡，去掉白色而使用第三組（秋天型）棕色，再加上秋天型的淡色系，可以保有商品的特色並加強環境意識的價值。另一種作法是完全不用棕色，保留冷白色，再配合與第二組（夏天型）色系協調的色彩，這傳達了不同的風格及相同的價值，夏天型色系的綠色有高品質、精緻和溫和的特性。這效果好極了。此實例的重點是提醒我們，讓人們有所回應的是相互和諧的色彩，而不是單一的色彩。

用途廣泛的深棕色在Vidal Sassoon的洗髮用品包裝上發揮了很好的效果。正當我寫此書的時候，該公司正在重新設計他們的包裝，我們拭目以待吧。

1960年代晚期，Scholl消費者商品公司由已故的Scholl博士成立，以護足商品為主力商品，委託設計師重新設計包裝及呈現方式。他們決定捨棄鮮黃色，改成白色包裝。雖然我並未親身參與其事，該公司一位已離職的員工告訴我這件事，但是我可以想像有這樣的辯論：「白色醒目而討好，是乾淨衛生的顏色，會讓人加深該商品具有療效的印象。」這簡直是一場浩劫，所以該包裝很快又恢復為黃色。黃色其實很適合護足產品，因為黃色使人感到愉快、樂觀，即使是在跳舞的時候，也很容易使你產生雙腳輕鬆的心理狀態。在Scholl博士的個案中，黃色是豐富的秋天型色系，因此給人有力的感覺，而且與屬於同一色系的深藍色極為搭配。大眾也早已認定這是Scholl博士產品的色彩，而且也已肯定其價值，更換顏色實在大錯特錯。

Vax Appliances這家公司很清楚這個概念。幾年前我閒著在看電視，突然被一系列廣告所吸引，除了在畫面上躍動的橘色之外，只有黑色、白色和灰褐色。我曾在廣告報章上看到Vax決定用橘色來呈現該公司的價值和形象。我寫信到這家公司，詢問他們作此決定之前是否請教過橘色的心理暗示。他們的行銷經理隔天打電話給我。

她說：「真要命！我們從未想過橘色心理學。妳什麼時候可以到這裡？」

我去見他們並向他們說明橘色的特性，以及使人對其保持積極看法的重要性。該公司的第一件產品是該公司創始人倫布萊齊所發明的，他原本經營牧場，他的設計靈感來自於他的攪奶器，這是一則成功的故事。該產品是橘色和黑色，這對於新事物有很大

影響；橘色第三組（秋天型）橘色很恰當，給人豐盛、力量與溫暖的印象。但是使用過多黑色則稍稍貶損其價值感，使人覺得這是工業用的，考慮把這個龐然大物帶回家的準顧客必須先克服這種感覺。這種機器當然管用，不過並沒有發揮應有的魅力。

Vax當時正在拓展其業務並開發新機型，所以我的來訪正是時候。我批評那橘色對該公司並沒有幫助，更何況他們已爲這橘色投注了大筆金錢並且藉以樹立其公共形象，我要做的是正確告訴他們橘色心理暗示並提供他們一個色系來取代黑色，烘托主色，使橘色這個主色每次都達到良好效果。無論主色是什麼顏色，即使它並不很恰當，仍然可以補救。Vax重新討論色彩平衡的議題並減少橘色的使用量，不過仍維持其色彩強度。他們推出的新機型橘色稍少，配上藍色，兩者爲互補色。這效果非常好，該公司仍繼續使用這樣的色系。

顏色沒有好壞之分

所有這些實例所蘊涵的道理再次強調這問題：「……用什麼顏色才好？」並沒有絕對的答案。商業界人士第一次聽我介紹我的工作，他們認爲我對於，例如說，所有保險公司，一定永遠採用同樣的色系，或者認爲所有性質相似的產品一定有一種最理想的包裝色彩。爲了說明這是一種繆誤的想法，我們來看看我幾年前處理過的一個案例：普通的臘腸。

Walls的各類臘腸、培根相當暢銷，而且在我有記憶以來，Walls這些商品的包裝都是海軍藍配上紅白二色。這些顏色是第四組，冬天型，色系，儘管有人說食物不該用藍色包裝，因爲藍色不是食物的顏色，這種包裝的效果好極了。我們已知道，冬天型色彩大致上都意味著效率、衛生和嚴謹，而深藍色是權威與可靠的極致表現。這對於此項銷售領先的商品完全適合，而消費者再確定這項商品不會讓他們一家人食物中毒。此包裝所蘊藏的信息是Walls就是最好的。

有人要求我談談Bowyers的色彩，他們的商品與勁敵Walls的商品在超市的貨架上直接交戰。如果我們只對該商品作大膽的思考，所得的結論將非常有限，不值得一提。大家都知道Bowyers是全然不同類型的公司，在價值觀方面，他們與Walls有很大差異。這不是說Bowyers招募我爲其作戰，想要擊敗Walls；而是在做每項商業設計時都要將其所有對手納入考量。爲了此書的內容，我才將Bowyers和Walls直接作一比較。

Bowyers包裝的秋天型
綠色使得超市裡充滿鄉
間的味道。

Walls's冬天型系強調衛
生的品質與高標準。

我們會注意Bowyers商品的有益健康、營養豐富，而且全不會把該公司和「工廠」和「加工」食品聯想在一起。Bowyers的總公司在Wilshire，藉著他們的產品，把這個鄉村地區的感覺帶到城市。傳達這些價值觀的鮮明色系是第三組，秋天型踏實、富足和豐收的特色正是他們所要求的。因此，環境意識及人性化經營的屠宰場的所有概念便是其承襲的特色。

由於臘腸的包裝設計都要讓人看得見臘腸，所以我將對比互補色的原則運用在包裝上，強調其色彩，以溫暖的秋天型綠色為臘腸包裝的主色，尤其是在包裝設計的邊緣部分，直接與看得到臘腸的部分並排。這綠色會突顯該產品紅色的肉質，紅綠二色互補。

在同一原則下，我用秋天型的深藍色（與Walls的冬天型海軍藍大不相同）來包裝派餅，讓這藍色襯托派皮的金黃色系。我們讓Bowyer「日出」標誌的黃色更濃厚，並把包裝上的黑色字體拿掉。包裝上的一小部分和一些字體是溫暖的紅色，所以整個感覺很平衡。

選用相配的顏色

想到在冗長而多半憑經驗的選色過程中所花費的金錢，真令我不寒而慄。最常犯的色彩錯誤，簡單地說，就是認為成功的關鍵在於某一特定顏色，而不在於瞭解顏色本身就是有力因素，其特性隨著不同因素而改變，最明顯的是形狀、濃淡與色系之間的關係。設計師可能湊巧選用了最適切的顏色來表達某一項特性。每個人都喜歡所選用的顏色；然後，工作繼續著，而如今的表現似乎大不如前。交稿日漸漸逼近時，有人開始質疑當初選用的顏色，並且會對它作一些修正，於是連包裝上的其他顏色也都需要修改。期限快到了，設計師勢必要作一番妥協。等到包裝進入市場調查階段，這簡直就是四不像，這仍是同一件設計作品嗎？

如果市場調查的結果不理想，那該如何是好？我們必須假定設計師當初是卯足了勁，全力以赴。她現在該怎麼辦？如果這個方案沒有作廢，只有一個答案，那就是再試試別的吧。最後她憑著運氣，想出讓市場調查對象贊同的色彩結構，於是這個包裝總算可以上市了。但是沒有人真正知道這包裝的訴求點是什麼。這使人益發覺得色彩是見

仁見智、不可預知的。相關人員會事後分析，將成功歸因於某個因素，自行解釋事情的結果。他們或許對，也或許不對。但可以確定的是，這整個過程使得客戶花了不少錢，也讓設計師頭痛不已。

重要的不是專注於某一種顏色或者每次都試圖找出有吸引力的一種顏色，而是知道你一旦決定了主色，選用其他配色是要考慮它們與主色的關係，而不是根據配色本身的吸引力。然後，這些色彩便會互相陪襯、烘托。

我在這方面工作的最大挑戰是，讓設計師相信純白與純黑不是中性色，不應該認為理所當然要使用這兩色。也許這是因為傳統的平面設計都是用黑色鉛筆和白色描簿打草稿。黑白兩色在設計師心中已根深蒂固，所以我告訴他們白底或黑底會破壞整體效果時，他們根本不相信（先前提過的Simple包裝就不用黑色字體）。

黑色永遠被認為是最看得清楚的顏色，這也是一個錯覺。黑色字體唯有在白底上面才會看得最清楚。黑字在第四組（冬天型）的其他顏色為底色時，效果也不錯。

但是黑字在暖色系為底色時，就完全不一樣了。以黃色或橘色為底色時，深紫色字體更清楚，正如第一部分所說明的，這是一種互補色的自然現象。在舒服閱讀的前提下，我不會書本採用紅綠的互補色。平均七名男性中有一人是色盲，而無法辨識紅綠二色是色盲者常見的症狀。

印刷的實際層面

常用黑色的另一實際因素是：印刷者認為這是最容易使用而且便宜的顏色。印刷機通常都使用黑色油黑，所以使用其他顏色會讓客戶花更多錢，因為印刷者要多花時間清除黑色油墨。但是印刷是一件相當複雜的事情，彩色印刷本身有困難。

印刷的四原色是淺藍、洋紅、黃和黑。這就是CYMK所代表的顏色。K是黑色，B是藍色。有不同的印刷系統提供調出所需色彩的方法，但是印刷者大多是靠眼睛看來調配顏色，而不用機器。

有些小印刷商根本不做彩色印刷；有的則是以四原色為限。大公司有先進的技術，可以印刷你想要的任何色彩。但是你要求印刷者印出現有少數幾個顏色以外其他的顏色，他的表情便顯得像是跟你有深仇大恨似的。恐怕印刷人員都不太喜歡我，他們知

道我要去「找麻煩」，但是能與真正愛好印刷工作又喜歡接受挑戰的人合作，真是人生一大樂事。我們完成一件和諧、特殊、效果極好的作品時，他們總是和我共享那種甜美的滿足感。

憑眼睛判斷來配色的一個危險是所謂metamerism的自然現象。這就是在某種光線下完美調配的兩種顏色，再也無法在不同的光線下調配。我們都看過在商店裡所看到的商品色彩，在戶外的日光下看就完全不同了。設計工作室要有不同種類的光線，讓設計師檢查顏色。印刷者要找到他想的顏色，與當時的狀況大有關係。

解決metamerism問題的一項作法是，用分光計，分析色彩的電腦儀器，找出顏色，這種設備只有大型印刷公司才有，實際的作法大多是靠印刷者的專業技術。

舉例來說，如果設計師要求PantoneC藍色，一種溫和的深藍，由Pantone公司生產的Process藍色和Reflex藍色，再加上一點黑色混合而成，因此這被認爲是特殊色而要提高價錢。印刷者可以用其他方式調出相似的顏色，只不過濃度稍嫌不足。其作法是：使用四原色中的三色，依比例爲藍：紅：黑＝100:30:70；或者使用四色，藍：黃：紅：黑＝100:20:50:40。

印刷者的決定對顏色的持久度及價格有很大關係。有名印刷者兩次嘗試都調不出我印刷一本手冊所要的顏色，他曾告訴我再製顏色起碼需要用九種基本色。

他的競爭對手使用五種顏色就做到了，而且做得非常漂亮。

我意外發現本書所述的使各色系互相協調，還有一個特點，那就是：顏色雖然會在不同的光線下改變，但是他們的和諧度不會改變。好像它們會一起移動似的。我最近和一位色彩物理學家一起工作，他使用很複雜的電腦來進一步了解這其中的道理。這是一件很有趣的工作。

我們也談到色彩設計的另一個大問題，我的同事已解答了這問題：透過不同媒介呈現，顏色會改變。近來，印刷廠大多有電腦，而電腦輔助設計(CAD)更是必備的工具。這問題是電腦裡的顏色是光，印刷的顏色是油墨，瓷磚的顏色是染料，而室內設計的顏色是塗料。這些都各不相同；不同電腦螢幕呈現出的色彩也不同。

你很難在電腦裡確定你所需要的顏色,等你列印出來時,顏色改變了。用其他媒介來找,顏色會改變得更多。那些安於現狀,只憑眼睛調配顏色,侷限於少數幾種常見顏色的設計師和印刷者,實在令人同情。但是這些問題的解決之道已出現了。

第十八章
人爲環境

我接的第一件包裝設計案讓我目瞪口呆：那盒子體積約爲10公分×5公分×2.5公分，上面要印一大堆產品優點及信息，而且要讓準顧客一目了然。在接手這個感冒藥包裝之前，我剛爲在英國各地有數百家連鎖店的大型零售業者完成室內設計。在結束絞盡腦汁的一天後，我灰頭土臉：「我簡直不相信這小小的盒子要搞那麼多名堂！我寧願爲350家店設計色彩！」

有一段時間，我一直在構思，想像著三度空間的立體設計會容易些；或許我還以爲這不比平面設計複雜。我還想到萬一包裝設計得不好，客戶可能損失慘重。

這種錯誤的想法不久就消失了；我很快地知道室內設計，創造人們進行各種活動的環境，是商業色彩心理學最重要的一環。這不只是商業性質而已。大多數人在室內居住和工作，如果他們周遭的色彩顯得不和諧，太過柔和或太過強烈，正如我所說過的，每個人不是無精打采就是精疲力竭。辦公室、商店、旅館、餐廳、工廠、醫院、學校和其他機構，各類型的公共建築物的顏色會使人精神振作，也會使人有壓迫感（導致生病和精神恍忽的重要因素），工作效率降低。

有一天我去參加倫敦的艾爾廣場舉辦的專業室內設計國際大展，結果我大失所望。所有公司的展出作品似乎都一樣。最後，我問一家大型地板公司的代表，他們如何決定顏色和所採用的色系：是否認真思考過顏色的問題？他回答時聳聳肩。

「這我不知道，我們只注意競爭對手怎麼做，然後設法跟進。」

我在第四部分的一開始就抱怨專業人士在色彩方面的玩世不恭態度。只有在他們任意捨棄一種顏色時，才會發現這顏色的效果多好。大衆會牢牢記得一種顏色，雖然他們不見得會去分析爲何有此不可思議的內在反應。

英國電信在1980年代的經驗是最佳例證。電話亭雖然不算是建築物，但是它設在公共場所，當所熟悉的紅色電話亭改變顏色時，英國人大聲反對。原本電話業務由郵政總局掌管，電話亭和郵筒都漆成鮮紅色，可能是因爲紅色很醒目。紅色是一種很親切的顏色，大家都喜歡紅色的溫暖與親切感。以實用的角度來看，電話亭在寒冷的冬夜裡

可成爲舒適的地方，紅色給人溫暖的感覺是很有利的一點。

然而英國電信不了解紅色也具有刺激性，會使人變得活潑、愛説話。人們愛好交際對該公司有利，因爲人們通話時間常短與該公司的收入多寡成正比。即使公共電話服務改進、故障電話快速復、公共電話數目增加也不能真正使大眾感到滿意，他們希望電話亭再恢復成紅色。該公司停止拆除工作，並使少數尚未拆除的紅色電話亭恢復通話。

後來，英國電信決定修改其記，這又使得問題更加複雜。對該公司公共形象最有影響的是秋天型色系；他們有一大批漆成深黃色的公務車，車身漆著溫和的深藍色字體，非常醒目而且有英國味道。要給設計師的建議是：使該公司有現代化形象，將它重新包裝爲國際化的大公司，以現代化技術在世界各地提供服務。

如果適度換掉舊色彩，那麼使用第四組的色系就可以達到此效果，比原先紅色電話亭和黃色公務車更勝一籌。大眾會覺得英國電信是具權威的機構，有效率、可靠而且跟得上時代。將紅藍白三色當作有力象徵，傳達末代的帝國建築是絕對合適的。也可以使用第一組（春天型）色系。這種清新的顏色意味著積極，也可使人覺得新的英國電信公司不但很現代化又有效率，也很親切體貼。

可惜的是，所出現的是大量的春天型色系和冬天型色系，既缺少説服力又不討人喜歡。（該公司正式宣布該計畫之前幾個月，就已透露此消息給報社，可是無濟於事，英國電信仍因此大受批評。）有綠色玻璃的金屬電話亭變成淺紅色投幣電話亭和鮮綠色的卡式電話亭。這紅綠兩種電話亭常常被放在一起，成爲很刺眼的組合；再者，和先前提過的粉紅色購物中心很相似的是，這些顏色都不耐看。還有，那批公務車從黃色變成灰色；那是第一組的淺灰色。很顯然，這種顏色在早晚灰灰濛的時候不易辨識，不過英國電信的設計師想了一個解決方法：在車身兩側漆上亮白色大型的公司標誌。

英國電信公司的主管和他們的設計師受到許多指責。他們爲此在設計師協會召開會議來討論這件案子，我也出席了。他們當時如坐針氈。有人要求台上一位年輕人説明爲何要把公務車漆成灰色，他的回合令人難以信服，他説：「我們研究過顏色的能見度，灰色比黃色更醒目。」

友善和溫暖很適
合英國電信商店。

所有人都拉下了臉。

我不想再問關於這件事情的問題。我很佩服參與這件案子的人能夠勇敢面對批判。

他們顯然很侷促不安，但仍努力爲許多設計決定辯解；他們不僅是在討論顏色。

他們似乎也在說他們知道選錯了顏色，這用不著別人來說。樹立新形象，新的電話
亭、公務車、文具用品等，花了大約六千萬英鎊，所以這些顏色要很得體才行。他們
及時作了一些補救，維護了該公司隨時改進服務的形象。該公司色彩要透過人爲努力
才彰顯出效果，而非自然散發出力量。

後來，我被要求爲英國電信的設計師提供一個色系。我告訴他們，英國電信的兩個主
色，紅色和藍色，會互相牽制，是對比色。我們必須決定要配合第一組的藍色（較佔

優勢者）或第四組的紅色。每人都同意第一組的友善溫暖比第四組冷色系的有效率更適合英國電信商店。第四組色系可能會受第一組藍色牽制，而顯得嚴肅冷漠。

我建議採用第一組的色系，但是我並沒有實際參與其事；我知道這個色系很受歡迎，不過現在它也已經被換掉了。

女王監獄業務

我最有趣的一個案子是為女王監獄的牢房選擇色彩。有人覺得不應花時間和金錢把監獄變成賞心悅目的地方，但是反對這麼做的人只想到要壓制犯人，而不想在他們被關的時候利用機會影響、改變他們的態度，我認為這是行不通，無濟於事的。我向你保證，監獄不會賞心悅目。

法律規定：犯人如果覺得其他犯人會危害他而要求隔離，必須批准。這就是大家熟知的「第四十三條法規」，這些「第四十三條法規」的犯人通常是性虐待兒童者、性騷擾者、檢舉者，可能也有離職警察，是覺得身受威脅的任何人。這種犯人的牢房，以建築用語來說，從維多利亞式監獄到完全現代化的建築物都可以作為參考。

我常注意到，不論何時，我在電視上看見的監獄內部大多有黃色牆壁。這可能是色彩象徵的表現：我們讓這地方明朗些，黃色是陽光的顏色。原則上，這並沒有錯。我第一次參觀監獄時，發現黃色是那裡的主色，但那是一種很強烈的檸檬黃，一種酸。第四組色系，並且與暖色系放在一起，而使這種黃色顯得柔和。我特別記得有個剛漆成這種黃色的樓梯，其欄干支柱和牆邊都漆成明亮的紅褐色，看起來很清爽，但是這兩個顏色很不和諧，很容易使人覺得有壓迫感。

由於我所提供的色系必須適用於各類型建築物，所以這個案子自然要從心理狀態的考量方面著手。這是唯一可行的方法。首先考慮的是這些犯人容易感到受威脅。他們大多心裡害怕，很多人感到沮喪；他們會有絕望的感覺，而且自殺的危險。有的人還沒有被判罪，正等候審問。

我覺得，有可能的話，要改變牢房與公共區域之間的氣氛，讓犯人在，比方說，做完團體治療或其他當眾溝通活動之後，覺得牢房是一個避難所。我可以把不同季節型的色系用於牢房，而達到這樣的要求（要清楚警告勿將這些顏色用在別的地方）。

所要考慮的另一重要因素是獄方人員的態度；他們所作的努力也要予以支持。他們的

基本任務是維持安寧，這也是壓力很大的工作。

我分析過所有的情緒與感覺，加以整理歸納之後，所得到的結論是：第一組，春天型色系最好。這會使色彩結構顯得明亮，使人感到樂觀；這會顯得很有朝氣而消除沉重的感覺。至於牢房，我用第三組，秋天型色系。這些顏色也很溫暖，但是較厚重，使人在自省時感受到支持。大部分英國人（因此，我要假定，這些囚犯）傾向於採用秋天型色系，所以這個色系會使他們大多數人有回家的感覺。同時，由於這兩個季節的色系都是暖色，我要避免牢房門內側的秋天型色系與牢房門外側走廊的第一組色系相衝突。

一旦作了決定，就需分析不同區域所需的感覺。有時區域會重疊，都用來從事類似的活動。我對各個區域所建議的幾組顏色如下：

1. 促進心智活動的，用於教室、工作室和行政區。

2. 激發體能活動的，用於福利社、休閒區、健身房和工作室。

3. 緩和情緒的，用於圖書室、教堂、醫院、會客室和員工休息室。

4. 樂觀與抑鬱之平衡（深黃色與深藍色），用於治療室。

5. 有支持效果的色系，用於走廊、樓梯、浴室、雙重功能區域。

6. 較輕鬆的色系，用於牢房。牆壁用淡粉紅色，接近杏紅色，絕不是嫩粉紅色或很女性化的粉紅色。

其中有許多顏色重疊，但是在不同色系中，它們被標示為A，當作主色，以代表主要的情緒；B用在次要的地方（窗框、門等）；C用來當作點綴色。改變顏色的比例，便改變了平衡感，使我們能夠靈活運用，不致因為使用太多種顏色而使整個設計顯得繁複而不被採用。

同一色系的每一種灰度、暗度、彩度都相關的這個事實意味著它們互相和諧，能影響設計並營造氣氛。即使有人將同一色系中的某個顏色放錯地方，也不會改變這事實。一旦把這些事寫在淺顯的操作手冊上面，真的會一點就通。Home Office看出這種改進方式很具經濟效益，因為監獄總要上漆，除非用特殊色，則漆的顏色不會影響其價格，我避免使用特殊色。

幾年前，西約克夏警方與里茲大學合作，進行一項實驗，門把空無一物的牢房（所有傢俱及一切會傷害犯人的東西都被取走的牢房，這裡關的是遭受嚴重侵擾的犯人）漆成粉紅色，為的是安撫這種犯人的情緒。在此之前，加州聖荷西也作過類似實驗，他們用不同顏色來評估顏色對於行為的影響。在英國進行的這個實驗沒有成功，探究色彩心理學的工作又被擱置了一兩年。

我看電視新聞報導，很不滿意他們對粉紅色的可怕詮譯。整間牢房被漆成鮮艷的粉紅色，其強度更甚於先前所提及的粉紅色購物中心。而且所使用的是亮光漆。

這種強烈的顏色在好壞的事情上都很具煽動力，絕對沒有安撫作用，連對鮮艷粉紅色有好感的冬天型特性的人都安撫不了。理論上，它本身就是一種不和諧的色彩，帶著陰柔的侵略性，或者，在好的方面，很有主見。我發現這大有問題，但是事實上鮮艷的粉紅色在二十世紀大受歡迎，在婦女已從軍，而且尤其在1980年代婦女運動到達巔峰的同一時期。

我要說的是，如果西約克夏警方使用的是較柔和，經審慎評估的粉紅色，一定可以達到很好的效果。他們在進行這實驗時，也可以調查某些暗度的藍色對受侵擾的犯人有何作用，也可試試綠色。粉紅色可以使身體放鬆，「我還是不同意，但是我沒力氣打架了」；藍色會使情緒放鬆，「好吧，再說一次；我覺得我現在比較講理了」；綠色可以使這兩色平衡。

交通站的色彩

容易使人緊張的另一個地方是各大交通中心，如機場、火車站，甚至是地鐵站。

飛機、火車或船的內艙也同樣會使人緊張。一個人旅行時，他（她）很容易對周圍環境感到不安。這是所有形式的旅行都會有的現象。比方說，我們待在地鐵站或火車站的時間不會比待在機場的時間長。下次你旅行時，注意看你周圍旅行者的行為。人們不願意遠離資訊螢幕，並不時看著它，好像從他們前30秒看它到現在，會發生什麼事似的。你可以從他們的嘴型和肢體動作看出他們的緊張；嬰兒和小孩也比較會哭鬧；每個人都承受壓力。

你會想，設計師爲何要用這種有刺激性的色彩呢？這可能適合於期待旅行的愉快心情，但是這也有幾分冒險；如果你要設計色彩，確實知道你使用色彩的目的是很重要的。旅行者心情都很亢奮，出門前的期待，到了機場的忙碌氣氛與頻頻看錶的心情，擔心會出什麼差錯，以及在等候時，商店招攬你進去購物。上次我過境蓋威(Gatwick)機場時，很快地坐下來等，我發現地上鋪的是鮮艷的綠色和紫色的幾何圖案地毯，與玫瑰紅的坐椅很不協調。我覺得很不自在。

我做過交通站的設計，英國Channel Tunnel和倫敦地鐵，這並不多。要讓大型的獨營機構改變態度是個緩慢的過程，但是我仍要感謝有機會參與其事。

———————————————— Ladbroke's ————————————————

最近有件案子可以讓我自由發揮。現在有關賭博的法律規定，人人都可以買國家發行的樂透彩券。這是自從1963年賭場合法化以來，英國這三十一年來的一項重大改變。所有書商都開始從新檢視其業務，在放寬出版限制時該推出哪些書。

在此之前，他們要偷偷摸摸地出售許多禁書。現在是放寬賭博限制並且大眾重視休閒娛樂的時候。相關行業的業者都在尋思未來該走的方向。

最大型的連鎖賭場是Labbroke's。他們首先委託設計師整修所有的場地，使人們走動順暢，方便省時。他們認爲應該使所有連鎖店格調統一，不符合經濟效益的原則。這並不容易，因爲所有賭場的建築物都不一樣，但是設計師表現得很好，他們交出第四種設計時，大家覺得這正合適。

只有一件事例外。老闆對顏色不滿意。他聽說過，但記不起來是在哪裡聽説的；他指示屬下調查檔案，最後找到我。

他們要求我分析顏色，而且必要時，爲他們重新設計。唯一附帶的條件是要注意藍色的使用，因爲他們的對手最近才使用大量的深藍色來更新其形象；還有，要記住他們剛剛塑造了公司的新標誌。我不可以改變新的Ladbroke's所用的紅色。

這是Pantone185C，一種明亮的大紅色。這是第一組春天型色系，是一種可愛的顏色，印刷者和平面設計師都愛用這顏色，但是我對於Ladbroke's使用這顏色持保留態度。在我檢視整體情況之前，我對它不予置評。

我在第17章提到在不同媒體之間轉換顏色很困難。這在室內設計時更是如此。ICI塗料在這方面做了很大努力，他們建立了色彩度量協會，獲得權利使用瑞典機構的天然色彩系統，以Dulux Colour Dimensions為商標名。他們提供方法來調配他們色卡中的顏色，可用於紡織、塑膠、磁磚、地板、地毯等，使得室內設計的用色更精確。這是正確的一步，不過仍有漫長的路要走。

我第一次去的那間ladbrokes商店至少有五種不同的紅色，但是卻沒有看到代表該公司形象的那種紅色。這些紅色原本是要與公司標誌的紅色相配合，不過現在看起來一點都不相干。招牌有幾種不同的紅色，連垃圾筒的紅色也不一樣。

在審查過顏色之後，我給Ladbroke's的第一個意見是紅色會使人產生壓力，在一個狹小空間裡有幾種不同的紅色會有嚴重的反效果。

第二個意見是，灰色太多也不好。他們的店非常有風格而且很有「設計師的味道」。它融和了第一組色系，主要是該公司新採用的紅色，以及第四組色系。地毯是兩種色系的冷灰色，牆壁是灰色的，所有的電視螢幕乍看之下是黑色的，但實際上是冬天型的深藍灰色。招牌大部分是黑底白字，而且所有招牌都採用相同字體。

這是精心的設計，人們很讚賞。但這給人冷冷的感覺，完全不適合賭場。人們的讚賞來自於有改變即是改進的心態，即使所呈現的設計並不好。在賭場上最要不得的顏色是灰色。想必各位讀者已從本書所作的說明中了解到一點。灰色會使我們退縮，守住資源，就好像我們將要過冬似的退縮。這並符合我們要到賭場放手一搏的心理。最適合這裡的是綠色，但是大家對綠色似乎有很多迷信。賭博幾乎全是賭運氣、靠迷信，該公司並沒有敏銳察覺這一點。

我交給Ladbroke's的報告中說明這一切情形，並提供了兩個色系：第一組色系，以配合該公司的紅色，另一個是第四組色系，以配合原有的效果。我詳加說明這兩個色系所呈現的效果。

那位老闆不認我，他一開始就很在意灰色。他一直說：「灰色用得太多了。」

他不准別人告訴我這件事情，所以當我的報告在這時候送去，以客觀的方法分析色彩時，讓該公司印象深刻。

我也說明Ladbroke's原有的紅色是秋天型色系，在新設計之前重新裝修的店主要是秋天型色系，這傳達了力量、傳統和可靠的優點，並使人覺得溫暖，所以可以重考慮再使用。

Ladbroke's知道冬天型色系並不適合，所以打算捨棄不用。在此同時，他們看出春天型色系似乎稍嫌不足。由於設計的色系都是配合紅色這主色，所以相當和諧，但是並沒有表現出Ladbroke's的特色。他們要求我和設計師一起工作，我們用秋天型色系與他們傳統的紅色搭配，取代原來的春天型色系。他們一見到這個設計，就承認：「那就是我們！這就是Ladbroke's的特色。」

這第五個設計與之前的設計有相同的特徵，只是顏色不同，所以就顯得不一樣。

我們篩選了所有的紅色，並把內部的主色改成秋天型的綠灰色，取代原來的原色。我選用了令人感到可靠的藍色，和使人安心的綠色，而且避免了與競爭對手顏色雷同及壞運氣的感覺。我們分析並簡化整個色彩結構，這樣的效果不錯。這些設計師起初很懷疑，尤其是我非常堅持換掉所有的黑色和灰色的時候。不過除此之外，他們非常配合，而且在工作完成時也很誇獎。

Ladbroke's不但如當初所願的節省了成本開支，生意也更加興隆了。我希望這新的色彩結構能在未來的日子裡為該公司塑造新形象。只要選對顏色，就一定耐看持久。

第十九章
錢的顏色

零售心理學是一門大學問，我們知道不但要講求商店及零售商品包裝的設計，還需要精心安排店裡的格局，讓顧客可以輕鬆自然地瀏覽每個貨架，而且切實地讓商品達到最大銷售量。廠商爭取讓他們的商品陳列在最有利的位置（你最記得腰部到眼睛這部分的商品）。從前我們走進商店，在櫃台後面有店員和大部分商品，我們說出要買的東西，這情景已不復存在了。現在絕大多數商店的作法是：我們自己動手拿；每件東西都經巧地陳列在我們面前，刺激我們去購買（現在小偷更容易得逞，所以誘惑也更大了，這是安全方面的問題），所以我們去購物時明智地抵擋零售商的銷售攻勢。

我們知道去買食物時絕對不要空著肚子。我們知道我們在出門前要先列好購物清單，只買我們需要的東西，我們試著只注意清單上的東西。但是我們的定力如何呢？那些精巧的商品讓人情不自禁地想看！例如，我們已完全熟悉超市的陳列情形，所以很快就能找到我們所需要的東西，有一天我們去那裡時發現員工在一夜之間把所有商品都重新陳列。這意味我們必須去找每件東西的新位置，試著去做這件事，不要一時衝動而買東西！

超市也會面對為難的情況。有很多顧客抱怨他們在結帳處放置糖果和巧克力。人們必須站在這裡等候結帳，不耐煩而哭鬧的孩子吵著要買這些甜食，年輕媽媽要大費周章制止他們，這對她們造成很大的困擾。有許多超市因此停止這種作法。

購買慾

零售商知道我們去購物時，不會只買我們需要的東西，在購買慾作祟之下，我們每次都買了一大堆各式各樣的東西。買各種東西意味新的開始，表達了某種希望。複雜的心理因素造成了這樣的經驗。長久以來我們已承認：例如，從前人們買衣服都到個人經營的商店，女裝則是在店員稱你為「女士」，專為你服務的優雅環境中購買的。男人到對顧客十分熟委的裁縫師那裡買西裝。在上述這兩種情形中，人們在購物時有被重視的感覺，不過人們往往不想到店員亦步亦趨地跟著的一些商店。

Ladbroke's新設計的賭
場改進了原有的缺點，
但是黑色與灰色無法支
持「放手一博」的想
法。

加上暖色系之後，整個
氣氛就活絡起來了。

現在，經營型態已改變了。每個人進到任何一家商店都被一視同仁地對待，他們對所有人敞開大門而且希望像磁鐵一樣把你吸進去。你進去之後，他們不太會理會你，讓你自行挑選。

服務概念在這三十年來有很大改變，許多老一輩的人覺得現在的商店都沒有服務；甚至銀行和大樓將服務當作「商品」來出售。零售門市經過精心設計，呈現整個世界的縮影或整體的理念，每個人對這一切都有其個人反應。雖然這些都是虛假的，很類似主題公園，而非反應映真實事物，但卻很有效果。現在我們更能很快知道哪些商店適合我們，哪些是不適合的。

1980年代，人們最想看到的是絢麗多變的感覺，五光十色且充滿物慾。店面很寬敞，有許多鏡子和珞黃色，地板鋪著清爽的磁磚，到處點綴著黑色和其它許多顏色。灰色，最佳的冬天型中性色，表現了現代感與創意，是最流行的顏色，零售商大量使用灰色來表示他們的商品有多好。灰色在商場上大行其道的一個原因是，它沖淡了現代表露無遺的物質主義，而且反映出人們心中漸漸產生的害怕與懷疑：這樣的繁榮能夠持續下去嗎？這樣對嗎？我們知道灰色本身在零售門市中並不是好看的顏色，他的價值在於烘托第四組，冬天型色系。

1990年代，人們的心態改變，所有多重商品店都傾向於採用秋天型色系，充足的光線，上釉的木質地板，銅製或木製飾品，以及更本土，甚至有民族風味的感覺。整體的感覺是秋天型色系，流露出墨西哥和南美的格調。我們更了解第三世界，而且人們不再贊同1980年代的過度華麗。赤裸裸的消費者保護運動已落幕，代之而起的是物質的純淨表現。Muji這家日本公司的所有商品都以黑白兩色包裝，沒有任何點綴。（美體小舖、gap，Timberland，River island雖不是採用秋天型色系，不過也屬於這種格調。連最時髦的Giorgio Armani所推出的高品味的Emporio也遵循這種設計理念。

在二十世紀，社會風格每十年就起一次變化，設計的史很清楚地以1920年代，50年代，80年代為分界。我們很難正確地預測未來趨勢（時裝界所作的預測無可避免地成為自我實現的預言），但是如果目前的心態持續得更久，我也不會感到驚訝。變化發生時，我希望能看見活力樂觀的精神重返。春天型色彩及設計特性可以用表達這種精

神，並重溫1950年代的風格。

當然有些公司不採用秋天型色系來表現自我。那色系可能不適合他們。Virgin Group是正確用色的實例。剛開始他們的航運是以清新親切的面貌呈現，所以採用了溫暖的紅色和灰色。在某些地方，這種紅色轉變成秋天型色彩，但是 Virgin Airway 大多是採用春天型的紅色，這完全正確。他們年輕、親切、活潑的形象莽撞地想破老牌航空公司所散播的迷思，這些老公司所強調的效率、可靠、值得信任，爲緊張不安的乘客帶來保證，不過這也成爲他們高價的理由。但是Virgin公司所強調的是最新科技與流行音樂，該公司選用第四組，冬天型的亮麗色系，並大量使用珞黃色和黑色。同樣的，這完全正確。

我現在想到不跟從時尚，選用正確色彩來表現其特點及價值觀的三個實例：這三家公司我都建議用春天型色系。

Mothercare

第一例是1980年代的Mothercare。他們成立於1960年代，他們原本立意爲「準媽媽和她的寶寶的所有束西」。

在此之前，大家都認爲孕婦不必大肆裝扮，因爲懷孕是暫時性的，在這個關頭花錢買衣服裝扮自己實爲不智之舉。她們只要把現有的裙子放大（用安全別針別著，取代原有的鈕子或拉鏈），或者穿完全沒有腰身的衣服，只要撐過這段時間就行。Mothercare對現代女性的貢獻不小，他們推出的孕婦裝有加大的腰身線條和細緻的裝飾，使人不再眼光停留在那「凸腹」上，而且價格大衆化，促進了購買意願。這使得女人能夠說：「看看我！漂亮吧。我懷孕了！」很快地大家漸漸認爲女人在懷孕時也能和平常那樣，依然動人、愉快而且穿得漂亮。人人都開始承認懷孕的女人有其獨特的美。

沒有經驗的媽媽知道她將產下的新生兒將對她十分依賴，而她對這個小傢伙一無所知，這令她感到惶恐。Mothercare也了解這種心情。老祖母當然會再三叮嚀育兒之道，助産士也會說一些，但是過了一段時間後，初爲人母的年輕的母親要去向誰請教呢？（過去，父親從不插手這些事情；他們的責任就只是賺錢養家。）

Mothercare向這些母親敞開大門，包辦一切事情。年輕父母來到這裡買可愛的嬰兒衣

服、小床、嬰兒車、學步車、奶瓶、尿布，尤其是育嬰資訊，這是別的公司所沒有的。在孩子五歲之前，年輕母親不需要去其他商店。

過了二十五年，該公司已與當初大不相同了。它發展成十二歲以下兒童的服飾及玩具業者，而且多元化經營；競爭對手紛紛出現並且已掌握固定的市場。

Mothercare頓時之間不再是權威，不再是年輕父母會自動來找的親切的專家。他們不再有明顯的主力商品。

過去Mothercare在各方面，購物袋和招牌，營造風格等一直在使用的五種顏色是所謂的甜豆色系。粉紅、藍、黃、綠和淡紫完全呈現了Mothercare的特色。

Mothercare還沒有委任我之前，已找過設計師來談明顯失去權威感的問題。設計師建議了非常權威的顏色，藍黑色。他們所選的是強烈的色彩，與先前所提過的「西藥房的藍色」相似。要採用這種藍，於是他們直覺地認為要把牆漆成白色來配合。其結果是，套用一位不太滿意的主管所說的：「現在看起來倒像藥房了！」同時，仍是春天型的其他所有顏色突然年輕、友善變成廉價、幼稚。

我到Mothercare總公司時注意到我所看見的每件東西，其實是每個人，都散發著純粹的秋天型特。色接待區域是紅磚色，有石質感覺，褐色皮椅和點綴的秋天型色彩。整個建築物裡，大多數色系是秋天型，他們的資深主管階層大多數有棕色眼睛，在整個會議中他們都傾向於秋天型色系。由於該公司正在積極重新評估其營運狀況，所他們可能會將門市的所有顏色改成秋天型第三組的色彩，它反映出該公司的價值感。我向理事會說明這一切，但是建議他們採用第一組春天型色系。每個人，不論屬於哪個季節型色系或什麼年紀，進入Mothercare的門市時，會感到心境年輕。春天型色系的環境會營造出比較適合該門市的氣氛。

我談的第一件事情是「甜豆色系」。他們在各地門市使用這種色系已經很多年；原本都是第一組的色系，現在只有藍色和淡紫色沒有改變，粉紅色已變成第四組的糖果粉紅，而綠色變得很像開心果冰淇淋的顏色，這也在第四組；黃色現在變得像奶油色系，成了第三組的顏色。我再把黃、粉紅、綠調整為春天型色系。

強調Mothercare老牌權威的問題也被提及。我同意設計師採用深藍色的原意，但是說

Mothercare換掉原本的春天型色系，抹煞了多年來的權威形象。

明必須採用第一組的色系才行。由於第一組沒有真正的深色，色彩也不強烈，所以我建議用比「甜豆色系」更深、更強烈的藍色，而且用量多一點，來高權威感。在這裡的春天型色系中，藍色在友善的氣氛中傳達了權威與可靠的感覺。

這樣的效果非常好，每個人都感到滿意。可惜不久之後，受到經濟大蕭條的影響，商業的營運方針必須重新評估。

Mothercare全面改變經營方式，新主管決定重新設計。我並沒有參與其事。

Comet

另一例子是1980年代中期的Comet電氣用品公司。那時每家電氣行都使用溫暖的紅色和冷灰色。這兩個顏色很難辨識，進去這些店不是很愉快的經驗。這些商品顯得很零亂，常常是一大堆電視開著，有許多黑色或灰色的現代科技產物堆放著，在你一進去時就形成壓迫感。這時是美國式電器量販店充斥在英國郊區的時候。Comet 委託設計師以創意手法設計這些超級商店，他們所完成的一件作品大受賞識。

大家都認為這件設計雖然很優雅，但是還可以再改進，有位經理聽說了我的工作，就請我去向委員會演講。他們問我的第一個問題是，「錢是什麼顏色？」

我回答：「綠色。就這樣？會議結束了嗎？」

我們都哈哈大笑，會議離結束還早得很。他們委託我的電器店想出一個色彩結構。但

更加強烈和諧的色彩所傳達信息是Mothercare仍然親切大眾化，而且也可靠，具權威。

是他們只給我幾天時間，因爲那時設計師正好提出一個色彩結構，該公司希望有機會比較這兩者。

我不知道這些設計師是什麼人。當然我知道以後還有時間慢慢改進這色彩結構，可是必須第一次就設計成功。

這建築物本身是個大型的磚造倉庫，沒有天然光線，這種商品的特性無可避免地會發出嗡嗡聲，並且微妙地給人物美價廉（記住，這不是質劣價廉的意思），很值的購買的感覺。大多數準顧客，也就是行銷對象，都是年輕人。

我不久就決定採用第一組色系。這確實是唯一可行的作法：可能我在開完會，走出會場後就這麼決定了。由於第一組的色彩很明亮，這可以改進商店中缺少天然光線的問題：春天型色系的環境也使堆放的商品顯得活潑，使可能產生的壓迫感轉成振奮的感覺。

該商店的格局是這樣的：整左邊是「白色貨品」區。「白色貨品」是冰箱、冷凍庫、電鍋、洗衣機等家庭電器的商標名稱，這些商品絕大多數是白色的。右邊是「棕色貨品」，像電視、錄影機、音響系統、攝影機和其他小型電器等休閒用品。他們已決定使用每個部門都以大型招牌標示，引導顧客找到他們要的東西。

收銀台位於中央寬敞走道中間。

已決定採用春天型色彩結構後，我用乳白色作為牆壁和天花板的顏色，背景色，溫暖、明亮而且很中性。然後我想「白色貨品」都是用來工作的，而「棕色貨品」是與休閒有關的，所以左邊區域要營造出有效率、省力的感覺，而右邊區域則要顯得快樂、有趣。最明顯的障礙是左邊的藍色和右邊的紅色。大紅色會造成過多的刺激，所以右邊招牌我用橘色。純粹的春天型藍色最適合左邊區域。

然後我想辦法使這兩色放在一起，並使整個色彩結構平衡，我在藍色這邊用了一些波長較長的色彩，橘色這邊則用了波長較短的色彩。

這可以從地板的顏色著手。「白色貨品」區用塑膠地板，「棕色貨品」區則鋪地毯。以大量黃色色配合藍色，我用水色系來調和左邊的地板；至於右邊的地毯，我用淡紫羅蘭色，這麼做還有一個原因：因為紫羅蘭色在光譜中與深紫羅蘭色並排，意味著未來、時間與空間，非常適合用來支持現代科技。分隔左右兩區的中央走道的地板則是淺灰色。

我希望你在試著想像這個色彩時，不會感到頭痛，重要的是，要記住這些顏色很明亮，不是強烈的春天型色系，只要知道這一點，調和的色彩能讓我們使用較有趣的色彩結構。如果其中有一個顏色不屬於第一組色系，那是行不通的。事實上，其中一位平面設計師無意中用了錯誤的橘色，秋天型色系，結果大家很快就覺得這不妥當。

為了地毯上這個特殊、明亮的淡紫羅蘭色，廠商特地帶我們到他們在丹麥的工廠，花了一天時間與他們的總設計師一起使用電腦輔助設計和電腦輔助製造的系統工作，以確定不會出差錯。這是一個很棒的經驗。

最後，收銀台是春天型的綠色，明亮而有力的色彩。人們走近收銀台時，這顏色會使他們安心，緩和他們不知是否該買的害怕心情，他們是否買得起？他們是否真的喜歡？這是否值得買？

我把我完成的色彩結構交給Comet那天，我沒有見到設計師；我只發表了我的看法並展示圖，將市場上現有的色彩作正確分類，然後就告辭，等候他們決定。

兩天後，該公司打電話給我，告訴我他們決定採用我設計的顏色，並且要委託我與他們的設計師一起完成這件案子。他們告訴我這些設計師是誰，而且他們已通知這些設

計師和我合作，採用我建議的顏色。

我要承認當時我差點昏倒。他們是倫敦相當出名的設計公司，而且他們根本不認識我。我第一次與他們開會時很緊張。他們在選擇色彩方面並不習慣聽命於人，而且我完全不知道他們對於讓一個陌生、默默無名的女人指揮有何心理反應。

我到達他們的辦公室，被帶進一個房間，已有五個人坐在會議桌前等候。互相介紹之後，我坐了下來。

那位總設計師說：「我們只想知道一件事情，你如何說服Comet接受那個色彩結構？你可能不知道，我們上星期拿去的第二次的設計；你的設計和我們第一次要說服這個客戶接受的完全相同。我們知道這些顏色覺對合適。我們為何說服不了他們？」說明我根據一種色彩系統來設計，所以能夠書面解釋我的建議，而且要求看第一次的設計圖。我看了之後，我很肯定地說在用了大量春天型色系之後，他們還加上了其他季節型的顏色，這會使信息模糊不清，也會破壞第一組色系，使人產生廉價的感覺。這是本能的錯誤：人們擔心某件東西看起來沒有價值感，就加進更高級或看起來昂貴的東西。實際上這更突顯了其廉價的感覺。當設計師第一次的設計圖拿來時，我看出這裡面有第二組（夏天型）色系。這些顏色破壞了整個色彩結構，因而無法被採納，Comet的主管無法分析這個原因。從那時起，我與這些設計師愉快共事，後來的許多案子也合作愉快。當新的電器店開幕時，很顯然地，我們解決了商店開幕的老問題，我們將來看熱鬧的人變成購買者。其營業額打破以往的記錄。過了幾年以後，每當有人向色彩諮工作的新人介紹我時，我已很習慣聽他們說：「你就是把Comet變成紫色和橘色的那位女士。我已懶得再向他們解釋這不是傳統的紫色和橘色。而是兩個十分和諧的色系。

―――――――――――――― Londis ――――――――――――――

第三個有效使用春天型色系的是Londis集團。Londis在全英國有1700多家便利商店。他們的公司色彩是紅色和橘色，而且所有商店的招牌都有格子圖案。這顯得刺眼而且混合了不同色系，紅色是第四組冬天型色系，橘色是第三組秋天型色系。這是天太平衡的色彩結構。然而Londi是相當成功的公司。

Comet超級商店有效運用色彩心理學來引導顧客到不同部門。

Londi的訴求點是便利和個人化、友善的服務。他們知道他們無法在價格方面與量販超市一較高下,而且超市不需要全天候經營付員工加班費。他們的競爭對手是其他便利商店。由於價格的問題,Londi和Comet一樣適合用春天型色系,雖然其目的都是要讓人產生值得買的感覺,但基於不同理由,我向這兩家公司建議的顏色完全不一樣。

首先要談的是入口處。便利商店深夜時也開著,顧客此時進去需要更多勇氣;他們需要能夠安心。我建議把入口處暗示侵略與恐懼的紅色去除,但櫥窗仍用紅色和橘色,並加上綠色來調和。我也將白色改成乳白色系。室內我建議用多種色彩來傳達各類商品的特性,冷凍食物用藍色,特價品用紅色。我將紅色收銀台改為綠色。

在書面解釋中,我向該公司說明紅色雖然最醒目,當必須小心使用。我也建議Londi考慮多使用綠熱,我也指出格子圖案是第四組的設計,並不適合Londi。

他們並不打算拿掉格子圖案,不過採用了我其他所有的建議,這設計非常成功。

他們和Vax一樣,一直在運用我所提供的色系。我注意到最近重新裝修的Londi商店的門面現在是以綠色和橘色為主,格子圖案不見了。

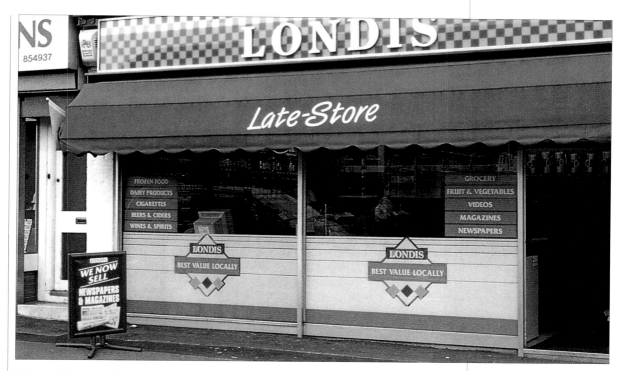

最後我要談談對零售業。你聽見Shell International, BP, Esso等名字時，你會想到什麼行業？汽油？當然是，不過現在這些公司是世界最大的零售商了。

Londi's櫥窗的綠色平衡了紅色和橘色，以免這些鮮豔的色彩使人有威脅感。

結論

國王的新衣

在這二十世紀接近尾聲時，看看周遭擾嚷紛亂的生活，特別是西方文明的社會，我認真想著人類是否已迷失了方向。我們的價值觀似乎本末倒置，我們漫無目標地橫衝直撞，心裡想著我們為何不快樂。我們遷移到地球上已擁擠不堪的地區，讓彼此相信只要我們有一大群人跟隨著最新的潮流，這樣做就一定是好的。我們是否已失去辨識的能力？就像傳統童話中那位受矇騙的國王一樣，他的顧問說服他赤裸裸地當街遊行，他們讓人民相信那位國王穿著華麗的衣裳，我們都歡呼附合這個愚蠢的想法，只因為別人也在稱讚這些華服。我們不敢像故事裡的那位小男孩一樣，轉身對他媽媽大聲說：「媽媽，可是那個人沒有穿衣服呀！」因為我們都不希望顯得無知。對吧？

這本書不是要告訴你該使用何種顏色，而是使你更加認識色彩的力量及它對你生活的重要影響。我希望說服你要有自己的想法，並讓你知道在任何情況下，你的睡衣、你的家、你的產品包裝、你的辦公室風格，使用哪種顏色最適合你，而不要去管哪種顏色最適合你最好的朋友、你的母親、你的競爭對手，你最喜愛的電影明星或最新的超級模特兒。　 v n ay–h m色彩往往被認為是微不足道的事情，不像生活中的實用層面那樣重要，色彩只不過是點綴罷了。但是在我們的生活中不可或缺，比任何其他事情更能改變我們對世界的想法，影響我們人生的過程。在一本有關幾何學的有趣書籍中，羅伯洛樂(Robert Lawlor)說道：

在今日的科學中，我們看見一種普遍的轉變，過去人們認為東西的本質可以用透過分子、量子來思考；現在他們的想法是，任何物質都要透過其基本形式的光波來認識。例如，植物能夠行光合作用只是因為葉綠素分子的碳、氫、氮和錳以複雜的十二倍對稱形式排列，如雛菊。同樣的分子若以不同方式排列，就無法將光的能量轉變成生命物質。

基本形式是生命之根本，這似乎是宇宙間的法則，任何事物本身無論多好，如果沒有作正確的組合，就無法發揮作用。沒有不好的顏色，只有不好的組合。

許多人覺得要找出他們偏愛的顏色非常困難。這真是一大致命傷。舉例來說，在購買衣服時，一般人會認爲我們只有一些顏色可以挑選，本季流行的顏色。根據我的經驗，這是一項迷思。商店櫥窗和時裝雜誌也許充滿了流行的顏色，但實際上，街上人們穿著的顏色五花八門，而商店內的每種服裝的顏色通常都是經過挑選的。我曾爲我的客户出版過一本半年刊，我爲了編寫這本書而跑遍了所有的時裝店和百貨公司，並分析了所見到某幾家廠商及零售商的情形。比方，我可能會說：「別傻傻地認爲本季Jaeger所推出的顏色是很好看的夏天型綠色。」

編寫這份刊物的過程讓我學到不少事情，我常常很驚奇竟有那麼多顏色可供選擇，即使是在多重商品店也一樣。例如，我知道百貨公司購物者或小型商店業者的特性可由他（她）所購商品的等級反映出來。我在倫敦的賽弗治Selfridge經過Dwsigner Room時，就遇上了這樣的例子。他們陳列的一套套裝讓我喜出望外：這是卡洛琳查理的設計，褐色的，有秋天型綠色系的印花圖案。太好了。那款式也正適合我穿。

我立刻要求試穿，並買了下來，儘管我那天並不打算購物而且那件套裝很昂貴。

但是我估計過，如果用我穿它的次數來算（考慮衣服價錢的唯一方法），這件衣服並不貴。

我看完了那家商店所陳列的卡洛琳查理服裝，幾乎清一色是秋天型色系，還有Shetland的光鮮耀眼的毛衣，柔和、暖色系的綿質襯衫和其他有品味的套裝。一星期後我要和在Harrods的一位主管開會，我穿著那件新套裝。我前往他辦公室的半路上，經過Harrods的Designer Room。他們所展示的卡洛琳查理服裝和我在賽弗治所看到的都不一樣。這裡的套裝都是素色的，而且全是第四組，冬天型色系。寶藍色、黑色、翠綠是這些服裝的主要顏色。這兩家店沒有一件衣服相同。

後來在開會時，我問那位主管，Designer Room的採購者是否相貌非凡，也許有黑髮和銳利的眼神？

他回答道：「你一定見過她！」

我說明我沒有見過她，不過她所挑選的服裝告訴我她是怎樣的人。我還知道賽弗治的那位採購者有秋天型的特徵。因此，找出在色彩與款式讓你滿意的商店並且只要是那位彩購者一直在那裡工作，你就繼續去那裡購買，這是個不錯的主意。

你會先考慮服裝的哪一方面純粹是習慣問題。大多數人會先看款式和質料，然後再看顏色。但是這不見的是購物的好方法。如果忽略了顏色，剪裁再好的衣服也不會吸引人。 我覺得要改變習慣先考慮顏色是很容易的。如果我只注意我想要的顏色，那麼我只要花幾分鐘就可以逛完百貨公司的服裝部門，這真是一件快樂的事。我很快地走到我要去的地方，好像周圍都沒有別人似的。從前我要從頭到尾逛好幾個小時，花了許多時間看不適合的衣服。這麼做既耗時又浪費錢。這麼做還有一個好處：我學會拒絕窮追不捨的推銷員。現在我所考慮的是購買可以襯托我的色彩；至於推銷員不悅的態度，我倒是不在意了。我發現我變得有自信，我知道自己在做什麼。

對於1980年代早期就已流行的色彩分析概念，時裝零售商似乎毫不在意。他們認為這樣會限制他們說服人們購買衣服。我們了解他們的苦衷，不過我很有興趣看到他們有人作個實驗，隨著四季變化展示合宜的色彩，然後看看有何結果。

人們往往認為我把事情弄得複雜了。有這麼多事情要考慮，考慮顏色往往被視為最次要的。事實上，如果你選對顏色，其他事情都會迎刃而解。在第19章所述，Comet設計案的總設計師告訴我，自從他和我共事之後，不管他是否用了我的色系分組法，他現在開始做任何案子時，都會先考慮到色彩。他召集工作小組，指示他想想這件設計所要呈現的東西、所要傳達的價值，以及五個主色。

幾天之後，他們都重新開始並把經討論之後所決定的五個顏色的基本色系丟棄。

他說這難以置信地改變了他的工作生涯。每件事都變得如此理所當然且輕而易舉。

我們多少會對生活的某些方面感到不滿意，不過我們要先作好準備再說出不滿之處。我們都認識一些過胖的人，他們一天到晚抱怨太胖，在社會上受到排斥，但是他們從來沒有好好努力減肥。還有些人抱怨他們的工作和老闆，可是他們卻不辭職。我們看到沮喪、不快樂的家庭主婦，她們不想以實際行動改變處境，也不想挺身維護自身權益，或者準備離婚。我們沒有信心改變現況。

但是有一天你突然開竅，在適當時刻有了靈感。唯有在那時我們才能有所作為。事情因而變得容易。我們開始覺醒，不再依然故我。

我希望本書至少會對一些讀者產生如此的助益。如果本書沒有使你獲益，別擔心，先別把它扔掉。明年請再讀一次。那時你也許已準備好不盲從大眾，並把你的黑鞋丟棄。

新形象出版圖書目錄

郵撥：0510716-5　陳偉賢　　TEL:9207133・9278446　　FAX:9290713　　　地址：北縣中和市中和路322號8 F 之1

一、美術設計

代碼	書名	編著者	定價
1-01	新插畫百科(上)	新形象	400
1-02	新插畫百科(下)	新形象	400
1-03	平面海報設計專集	新形象	400
1-05	藝術・設計的平面構成	新形象	380
1-06	世界名家插畫專集	新形象	600
1-07	包裝結構設計		400
1-08	現代商品包裝設計	鄧成連	400
1-09	世界名家兒童插畫專集	新形象	650
1-10	商業美術設計(平面應用篇)	陳孝銘	450
1-11	廣告視覺媒體設計	謝蘭芬	400
1-15	應用美術・設計	新形象	400
1-16	插畫藝術設計	新形象	400
1-18	基礎造形	陳寬祐	400
1-19	產品與工業設計(1)	吳志誠	600
1-20	產品與工業設計(2)	吳志誠	600
1-21	商業電腦繪圖設計	吳志誠	500
1-22	商標造形創作	新形象	350
1-23	插圖彙編(事物篇)	新形象	380
1-24	插圖彙編(交通工具篇)	新形象	380
1-25	插圖彙編(人物篇)	新形象	380

二、POP廣告設計

代碼	書名	編著者	定價
2-01	精緻手繪POP廣告1	簡仁吉等	400
2-02	精緻手繪POP2	簡仁吉	400
2-03	精緻手繪POP字體3	簡仁吉	400
2-04	精緻手繪POP海報4	簡仁吉	400
2-05	精緻手繪POP展示5	簡仁吉	400
2-06	精緻手繪POP應用6	簡仁吉	400
2-07	精緻手繪POP變體字7	簡志哲等	400
2-08	精緻創意POP字體8	張麗琦等	400
2-09	精緻創意POP插圖9	吳銘書等	400
2-10	精緻手繪POP畫典10	葉辰智等	400
2-11	精緻手繪POP個性字11	張麗琦等	400
2-12	精緻手繪POP校園篇12	林東海等	400
2-16	手繪POP的理論與實務	劉中興等	400

三、圖學、美術史

代碼	書名	編著者	定價
4-01	綜合圖學	王鍊登	250
4-02	製圖與議圖	李寬和	280
4-03	簡新透視圖學	廖有燦	300
4-04	基本透視實務技法	山城義彥	300
4-05	世界名家透視圖全集	新形象	600
4-06	西洋美術史(彩色版)	新形象	300
4-07	名家的藝術思想	新形象	400

四、色彩配色

代碼	書名	編著者	定價
5-01	色彩計劃	賴一輝	350
5-02	色彩與配色(附原版色票)	新形象	750
5-03	色彩與配色(彩色普級版)	新形象	300

五、室內設計

代碼	書名	編著者	定價
3-01	室內設計用語彙編	周重彥	200
3-02	商店設計	郭敏俊	480
3-03	名家室內設計作品專集	新形象	600
3-04	室內設計製圖實務與圖例(精)	彭維冠	650
3-05	室內設計製圖	宋玉眞	400
3-06	室內設計基本製圖	陳德貴	350
3-07	美國最新室內透視圖表現法1	羅啓敏	500
3-13	精緻室內設計	新形象	800
3-14	室內設計製圖實務(平)	彭維冠	450
3-15	商店透視-麥克筆技法	小椋勇記夫	500
3-16	室內外空間透視表現法	許正孝	480
3-17	現代室內設計全集	新形象	400
3-18	室內設計配色手冊	新形象	350
3-19	商店與餐廳室內透視	新形象	600
3-20	櫥窗設計與空間處理	新形象	1200
8-21	休閒俱樂部・酒吧與舞台設計	新形象	1200
3-22	室內空間設計	新形象	500
3-23	櫥窗設計與空間處理(平)	新形象	450
3-24	博物館&休閒公園展示設計	新形象	800
3-25	個性化室內設計精華	新形象	500
3-26	室內設計&空間運用	新形象	1000
3-27	萬國博覽會&展示會	新形象	1200
3-28	中西傢俱的淵源和探討	謝蘭芬	300

六、SP行銷・企業識別設計

代碼	書名	編著者	定價
6-01	企業識別設計	東海・麗琦	450
6-02	商業名片設計(一)	林東海等	450
6-03	商業名片設計(二)	張麗琦等	450
6-04	名家創意系列①識別設計	新形象	1200

七、造園景觀

代碼	書名	編著者	定價
7-01	造園景觀設計	新形象	1200
7-02	現代都市街道景觀設計	新形象	1200
7-03	都市水景設計之要素與概念	新形象	1200
7-04	都市造景設計原理及整體概念	新形象	1200
7-05	最新歐洲建築設計	石金城	1500

八、廣告設計、企劃

代碼	書名	編著者	定價
9-02	CI與展示	吳江山	400
9-04	商標與CI	新形象	400
9-05	CI視覺設計(信封名片設計)	李天來	400
9-06	CI視覺設計(DM廣告型錄)(1)	李天來	450
9-07	CI視覺設計(包裝點線面)(1)	李天來	450
9-08	CI視覺設計(DM廣告型錄)(2)	李天來	450
9-09	CI視覺設計(企業名片吊卡廣告)	李天來	450
9-10	CI視覺設計(月曆PR設計)	李天來	450
9-11	美工設計完稿技法	新形象	450
9-12	商業廣告印刷設計	陳穎彬	450
9-13	包裝設計點線面	新形象	450
9-14	平面廣告設計與編排	新形象	450
9-15	CI戰略實務	陳木村	
9-16	被遺忘的心形象	陳木村	150
9-17	CI經營實務	陳木村	280
9-18	綜藝形象100序	陳木村	

九、繪畫技法

代碼	書名	編著者	定價
8-01	基礎石膏素描	陳嘉仁	380
8-02	石膏素描技法專集	新形象	450
8-03	繪畫思想與造型理論	朴先圭	350
8-04	魏斯水彩畫專集	新形象	650
8-05	水彩靜物圖解	林振洋	380
8-06	油彩畫技法1	新形象	450
8-07	人物靜物的畫法2	新形象	450
8-08	風景表現技法3	新形象	450
8-09	石膏素描表現技法4	新形象	450
8-10	水彩‧粉彩表現技法5	新形象	450
8-11	描繪技法6	葉田園	350
8-12	粉彩表現技法7	新形象	400
8-13	繪畫表現技法8	新形象	500
8-14	色鉛筆繪畫技法9	新形象	400
8-15	油畫配色精要10	新形象	400
8-16	鉛筆技法11	新形象	350
8-17	基礎油畫12	新形象	450
8-18	世界名家水彩(1)	新形象	650
8-19	世界水彩作品專集(2)	新形象	650
8-20	名家水彩作品專集(3)	新形象	650
8-21	世界名家水彩作品專集(4)	新形象	650
8-22	世界名家水彩作品專集(5)	新形象	650
8-23	壓克力畫技法	楊恩生	400
8-24	不透明水彩技法	楊恩生	400
8-25	新素描技法解說	新形象	350
8-26	畫鳥‧話鳥	新形象	450
8-27	噴畫技法	新形象	550
8-28	藝用解剖學	新形象	350
8-30	彩色墨水畫技法	劉興治	400
8-31	中國畫技法	陳永浩	450
8-32	千嬌百態	新形象	450
8-33	世界名家油畫專集	新形象	650
8-34	插畫技法	劉芷芸等	450
8-35	實用繪畫範本	新形象	400
8-36	粉彩技法	新形象	400
8-37	油畫基礎畫	新形象	400

十、建築、房地產

代碼	書名	編著者	定價
10-06	美國房地產買賣投資	解時村	220
10-16	建築設計的表現	新形象	500
10-20	寫實建築表現技法	濱脇普作	400

十一、工藝

代碼	書名	編著者	定價
11-01	工藝概論	王銘顯	240
11-02	籐編工藝	龐玉華	240
11-03	皮雕技法的基礎與應用	蘇雅汾	450
11-04	皮雕藝術技法	新形象	400
11-05	工藝鑑賞	鐘義明	480
11-06	小石頭的動物世界	新形象	350
11-07	陶藝娃娃	新形象	280
11-08	木彫技法	新形象	300

十二、幼敎叢書

代碼	書名	編著者	定價
12-02	最新兒童繪畫指導	陳穎彬	400
12-03	童話圖案集	新形象	350
12-04	敎室環境設計	新形象	350
12-05	敎具製作與應用	新形象	350

十三、攝影

代碼	書名	編著者	定價
13-01	世界名家攝影專集(1)	新形象	650
13-02	繪之影	曾崇詠	420
13-03	世界自然花卉	新形象	400

十四、字體設計

代碼	書名	編著者	定價
14-01	阿拉伯數字設計專集	新形象	200
14-02	中國文字造形設計	新形象	250
14-03	英文字體造形設計	陳穎彬	350

十五、服裝設計

代碼	書名	編著者	定價
15-01	蕭本龍服裝畫(1)	蕭本龍	400
15-02	蕭本龍服裝畫(2)	蕭本龍	500
15-03	蕭本龍服裝畫(3)	蕭本龍	500
15-04	世界傑出服裝畫家作品展	蕭本龍	400
15-05	名家服裝畫專集1	新形象	650
15-06	名家服裝畫專集2	新形象	650
15-07	基礎服裝畫	蔣愛華	350

十六、中國美術

代碼	書名	編著者	定價
16-01	中國名畫珍藏本		1000
16-02	沒落的行業一木刻專輯	楊國斌	400
16-03	大陸美術學院素描選	凡 谷	350
16-04	大陸版畫新作選	新形象	350
16-05	陳永浩彩墨畫集	陳永浩	650

十七、其他

代碼	書名	定價
X0001	印刷設計圖案(人物篇)	380
X0002	印刷設計圖案(動物篇)	380
X0003	圖案設計(花木篇)	350
X0004	佐滕邦雄(動物描繪設計)	450
X0005	精細插畫設計	550
X0006	透明水彩表現技法	450
X0007	建築空間與景觀透視表現	500
X0008	最新噴畫技法	500
X0009	精緻手繪POP插圖(1)	300
X0010	精緻手繪POP插圖(2)	250
X0011	精細動物插畫設計	450
X0012	海報編輯設計	450
X0013	創意海報設計	450
X0014	實用海報設計	450
X0015	裝飾花邊圖案集成	380
X0016	實用聖誕圖案集成	380

北星信譽推薦・必備教學好書

日本美術學員的最佳教材

| 定價／350元 | 定價／450元 | 定價／450元 | 定價／400元 | 定價／450元 |

循序漸進的藝術學園；美術繪畫叢書

| 定價／450元 | 定價／450元 | 定價／450元 | 定價／450元 |

最佳工具書

・本書內容有標準大綱編字、基礎素
　描構成、作品參考等三大類；並可
　銜接平面設計課程，是從事美術、
　設計類科學生最佳的工具書。
　編著／葉田園　　定價／350元

色彩心理學

定價：400元

出 版 者：新形象出版事業有限公司

負 責 人：陳偉賢

地　　址：台北縣中和市中和路322號8Ｆ之1

門　　市：北星圖書事業股份有限公司

　　　　　永和市中正路498號

電　　話：9229000（代表）　ＦＡＸ：9229041

原　　著：安琪拉萊特

編 譯 者：新形象出版公司編輯部

發 行 人：顏義勇

總 策 劃：陳偉昭

文字編輯：李佳雯

總 代 理：北星圖書事業股份有限公司

地　　址：台北縣永和市中正路462號5F

電　　話：9229000（代表）　ＦＡＸ：9229041

郵　　撥：0544500-7北星圖書帳戶

印 刷 所：利林印刷股份有限公司

行政院新聞局出版事業登記證／局版台業字第3928號
經濟部公司執／76建三辛字第21473號

■本書如有裝訂錯誤破損缺頁請寄回退換
西元2003年9月　第一版第二刷

國家圖書館出版品編目資料

色彩心理學／安琪拉萊特原著；新形象出版
　公司編輯部編譯. --第一版. --臺北縣中和
　市：新形象，1997〔民86〕
　　面；　　公分
　譯自：Colour psychology
　ISBN 957-9679-20-7（平裝）

　1.色彩（藝術）─心理方面

176.231　　　　　　　　　　　　　　　86005310